큰작가
조정래
인물 이야기
2

안중근

큰작가
조정래
인물 이야기
2

안중근

조정래 글·이택구 그림

문학동네

사랑하는 손자와 그 친구들에게

30년 전의 일입니다. 나는 글 쓰는 아버지로서 아들에게 읽힐 위인전이며 전래동화 같은 것을 내가 손수 써서 읽히고 싶은 꿈을 가지고 있었습니다. 그러나 다급한 일들이 너무 많아 그 꿈을 이룰 수가 없었습니다.

그 뒤로 세월이 흐르고 흘러 나에게 손자들이 생기기 시작했습니다. 무럭무럭 자라난 손자들은 어느새 글을 줄줄 읽게 되었습니다. 아직도 바쁜 일들이 많이 쌓여 있기는 하지만 손자들에게는 꼭 내가 쓴 책들을 읽히고 싶었습니다. 지난날의 꿈을 이루고 싶어서 나는 마침내 사랑하는 두 손자 재면이와 재서, 그리고 그들의 친구 세대들을 위하여 위인전을 쓰기로 마음먹었습니다. 그리고 『태백산맥』『아리랑』『한강』을 쓸 때와 똑같은 마음과 정성으로 한 문장, 한 문장을 써나가기 시작했습니다.

사랑하는 청소년 여러분, 현재 이 지구상에는 60억이 넘는 인구가 살고 있습니다. 그리고 200개가 넘는 나라가 있습니다. 그런데 우리는 왜 하필이면 이 한반도라는 작은 땅에 태어났는가를 곰곰이 생각해본 적이 있습니까? 우리들 스스로의 힘으로는 어찌할 수 없는 그런 일을 우리는 운명이나 숙명이라고 부릅니다.

우리 민족의 역사를 5천 년이라고 합니다. 그런데 그 동안에 천 번쯤 침략을 당했다고 합니다. 평균 5년에 한 번 꼴로 다른 힘센 나라들의 침략을 당했으니 우리 민족의 삶이 얼마나 고통스럽고 고달팠겠습니까. 그것이 약소민족의 슬픔이고 비극입니다.

　그런 험난한 역사 속에서 그래도 살아남을 수 있었던 것은 민족을 위해 자기를 희생시켰던 분들이 있었기 때문입니다. 우리는 그런 분들을 위인으로 받들어 우러르고, 책으로 엮어 읽으며 그 희생을 되새기고 본받고자 합니다. 그래야 우리의 미래가 밝고 튼튼해지기 때문입니다. 내가 쓴 위인전들은 청소년들의 읽을거리만은 아닙니다. 어른들이라고 해서 위인들의 생애를 다 아는 것이 아닙니다. 청소년 여러분들의 부모님과 더불어 이 책들을 읽고 토론을 한다면 더 유익하고 효과 큰 독서가 되리라고 생각합니다.

　인상 깊은 독서를 하도록 아름답고 품위 있는 그림을 그려주신 화가 선생님들과, 누군가에게 자꾸 주고 싶은 마음이 생기도록 품격 높은 책을 만드느라 애쓰신 '문학동네' 여러분들께 고마움을 전합니다.

2007년 초가을

글쓴이의 말_ 사랑하는 손자와 그 친구들에게·4

1. 수수께끼를 품은 아이·9
일곱 점의 별자리 | '응칠'이라 이름짓다 | 할아버지 사랑 독차지 | 네 살부터 시작한 공부

2. 먹구름 낀 하늘·34
청계동으로 이사 | '중근'으로 이름을 갈다 | 동학농민혁명의 물결 속에서
천주교인이 되다 | 일본 세력이란 먹구름 | 좌절된 교육사업

3. 허수아비의 나라·72
러일전쟁의 회오리 | 술을 끊기로 맹세함 | 나라를 찾아 해외로 | 블라디보스토크의 준비

4. 최초의 해외 독립군 · 108

대한의군 참모중장 안중근 | 어쩔 수 없는 패배 | 손가락을 끊은 맹세 | 확실한 정보

5. 마침내 이룩하다 · 128

하얼빈을 향하여 | 이중 작전계획 | 이토 히로부미를 명중시키다

6. 최후의 나날들 · 144

저격한 이유 | 동지들도 체포되다 | 뤼순 감옥의 생활 | 형식적인 재판 놀음

부록 · 167

1. 수수께끼를 품은 아이

일곱 점의 별자리

"으앵, 으앵, 으앵······."

갓난애의 울음소리가 안채에서 울려나왔다. 가는 듯하면서도 탄력 있는 그 맑고 상그러운 울음소리는 방금 새 생명이 태어났다는 것을 세상에 맘껏 알리고 있었다.

"어머나 낳으셨네!"

부엌 앞에 긴장하고 서 있던 한 여자가 소리나지 않게 손뼉을 치며 얼굴이 환해졌다.

"예에, 금방 낳으셨어요."

머리 길게 땋아내린 처녀가 반색을 하며 말을 받았고,

"뭘까? 울음소리 들으니까 아들 같기도 한데."

다른 여자가 앞치마에 손을 닦으며 궁금해했다.

"아유 쌍봉댁, 갓난애 울음소리로 아들인지 딸인지 어떻게 알아. 울음소리가 요란하고 기운차면 딸일 때가 더 많은걸."

처음 여자가 눈을 흘기듯 했다.

"해주댁 말도 맞아. 딸이면 어때. 순산하셨으면 됐지."

"아, 왜 그러고들 섰어. 어서어서 목욕물 들여오고 그래야지."

그때 안방에서 침모(남의 집 바느질을 해주고 품삯을 받는 여자)가 나오며 꾸짖듯 했다.

"예, 물 다 데워놓고, 할 일 다 했어요. 헌데, 왕자님이세요, 공주님이세요?"

쌍봉댁이 궁금해서 못 견디겠다는 듯 물었다.

"물으나 마나지."

"어머나!"

"좋으시겠다."

"거봐, 내가 뭐랬어."

세 여자는 부러움과 시샘이 엇갈리는 기색으로 한마디씩 하며 부엌으로 들어갔다.

침모가 목욕물을 받아가지고 안방으로 들어가며 말했다.

"오월아, 점돌이 불러서 어서 사랑채에 기쁜 소식 전하라고 일러."

오월이가 사랑채 쪽으로 가서 총각을 불러왔다.

"점돌아, 어서 진사 어른께 가서 마님께서 옥동자를 순산하셨다고 아뢰어라."

해주댁이 말했다.

"아이고, 내가 살판났네. 그런 좋은 소식이라야 심부름할 맛이 나지."

총각은 덩실덩실 춤추는 몸짓을 하면서 사랑채로 달려나갔다.

세 여자는 부엌에서 제각기 일손을 바삐 놀리기 시작했다. 아이 낳느라고 애쓴 산모를 위해 밥도 고슬고슬하게 맛있게 지어야 하고, 미역국도 사르르 넘어가도록 감칠맛나게 끓여야 했다.

"그것 참 희한하네. 어찌 그럴 수가 있을까."

침모가 목욕통을 마루에 내다놓고 부엌으로 들어서며 중얼거렸다.

"뭐가 그렇게 희한해요?"

쌍봉댁이 버릇처럼 앞치마에 손을 닦으며 눈치 빠르게 물었다.

"그걸 말해야 될라나?"

침모가 고개를 갸웃했다.

"왜, 뭐가 이상한 게 있어요? 우린 한식군데 뭘 어때요."

쌍봉댁이 강한 호기심을 드러냈고, 다른 두 여자의 눈길도 침모에게로 쏠려 있었다.

"왜, 뭐가 이상한 게 있었으면 좋겠어?"

침모가 눈꼬리를 세우며 따지는 투로 말했다.

"아니요, 아니에요. 괜히 생사람 잡으려고 그러지 말아요. 사람 궁금증 일어나게 만든 게 누군데 그러세요?"

쌍봉댁은 당황스럽게 말하며 고개까지 내저었다.

"그러니까 말 얄궂게 하지 말아. 말버릇 그렇게 하다간 언젠가는 탈 만나게 돼."

침모는 엄한 눈빛으로 꾸짖고는 다시 말을 이었다.

"아 글쎄, 아기 가슴에서부터 배에까지 검은 깨알 같은 점이 일곱 개가 찍혀 있다니까."

"그럼 북두칠성이겠네요?"

오월이가 눈을 반짝 뜨며 말을 받았다.

"그렇다니까. 꼭 북두칠성이 찍혀 있는 것 같더라니까!"

침모가 고개를 끄덕였다.

"그거 아주 좋은 징조로 치잖아요. 용꿈이나 돼지꿈처럼."

해주댁이 부러운 듯 말했다.

"그렇지. 마님께서도 북두칠성이라고 생각하시며 아주 좋아하시더구먼. 그게 좋은 징조는 좋은 징조인데 무슨 뜻인지 확실히 몰라 궁금해하시는데, 내가 뭘 알아야 속시원하게 말씀드리지 원."

침모는 아쉬운 듯 혀를 찼다.

"그야 뭘 알고 말고 할 것이 뭐 있겠어요. 장차 큰 인물이 될 거라는 뜻 아니겠어요."

쌍봉댁이 자신있게 말했다.

"그야 그렇지. 어쨌거나 큰 인물 나서 진사님댁이 더 크게 떨치게 생겼어. 이런 경사 중에 경사가 어디 있어 글쎄."

침모는 웃음 넘치는 얼굴로 덩실거리며 돌아섰다.

'응칠'이라 이름짓다

"아버님, 이것이 무슨 뜻이오리까?"

아기의 아버지 안태훈 진사가 조심스럽게 말했다. 갓난아기의 가슴에서부터 배에까지 일곱 개의 점이 찍혀 있다고 점돌이

가 또 아뢰고 갔던 것이다.

"흠! 그야 길조 중에 길조 아니겠는가. 점이 일곱 개 찍혔다면 필경 북두칠성을 이름이고, 북두칠성이야 그 많은 별 중에 으뜸이 아니던가. 옛말에 사내가 인물이 되려면 논두렁 정기라도 타고나야 된다고 했는데, 우리 아기가 하늘의 정기를, 그것도 북두칠성의 정기를 타고난 것 아닌가. 이건 참 드문 일이고, 경사 중에 경사로다. 태몽으로 용꿈이나 호랑이꿈, 학꿈, 돼지꿈은 흔히 꾸는 꿈이지만, 가슴에 북두칠성이 찍혀 태어나다니……, 참 기이한 일이로다. 혹시 어멈이 그런 태몽을 꾼 일이 있다 하더냐?"

아기의 할아버지 되는 안인수가 아들에게 물었다.

"아닙니다. 그런 말은 못 들었습니다."

안태훈이 머리를 조아리며 조심스레 대답했다.

"그래, 그런 태몽을 꾸었더라도 발설하지 않았을 수 있다. 태몽은 그 아이가 태어날 때까지 가슴에 고이 간직하는 것이 우리네 풍습이기도 하니까. 이제 가서 태몽도 알아보고, 점도 살펴보고, 애비 노릇을 시작해라."

안인수가 흐뭇한 웃음을 지으며 아들에게 손짓했다.

"예, 그럼 잠시 다녀오겠습니다."

안태훈은 자신의 궁금증 못지않게 아버지의 궁금증도 크다는 것을 느끼며 자리에서 일어났다.

"아니, 아니, 일어날 것 없소. 얼마나 고생을 많이 했는데……."

안태훈은 다급하게 말하며 손을 저었다. 그러나 그의 아내는 푸석푸석하게 부어오른 얼굴로 굳이 몸을 일으켜 앉았다.

"자아, 그만 누워요. 당신 정말 애썼소. 순산한데다 아들까지 낳아 아버님께 효도를 했으니 이 고마움을 말로 다할 수가 없구려. 아버님 기뻐하시는 것이 내가 과거 급제를 했을 때보다 열 배, 아니 백 배는 더하신 것 같소. 자아, 어서 누워요, 어서. 당신이 건강해야만 또 효도하는 것이오."

안태훈은 아내를 조심스럽게 감싸안았고, 아내는 남편에게 몸을 맡기며 조용히 누웠다.

"저어……, 아기 몸에 점이 찍혔다는데, 당신 혹시 북두칠성하고 연관된 태몽을 꾼 일이 있소?"

안태훈이 아내를 보고 웃으며 말을 꺼냈다.

"예에, 저도 이상하게 생각하고 있어요. 그런 태몽은 없었는데 어찌 그리 북두칠성 닮은 점들이 찍혀 있는 것인지……, 우리 아기를 북두칠성에서 보내주신 걸까요?"

아내가 남편을 올려다보며 물었다.

"글쎄, 아버님이 크게 기뻐하고 계시오. 그게 무슨 뜻인지 잘 모르겠지만, 흔치 않은 경사인 것은 틀림이 없소. 어디 좀 봅시다."

"예에, 어서 보세요."

갓난아이는 새근새근 잠들어 있었다.

아버지 안태훈은 아기를 감싼 강보(포대기)를 조심조심 풀어 헤쳤다. 세상에 나온 아기의 첫잠은 깊었다. 안태훈은 마지막으로 아기 옷의 옷고름을 풀었다. 그리고 옷깃을 양쪽으로 젖혔다.

"아니!……."

안태훈은 깜짝 놀랐다.

아기의 몸에는 그냥 점 일곱 개가 아무렇게나 찍혀 있는 것이 아니었다. 그건 영락없이 북두칠성을 그대로 옮겨놓은 모양이었다. 어느 사람의 이마에 삼태성이 찍혀 있는 것을 본 적은 있지만 북두칠성이 이렇게 선명한 것은 본 일이 없었다.

"참 신기하지요?"

아내가 놀란 남편을 바라보며 웃었다.

"그렇소, 참 신기한 일이오. 세상에는 우리가 다 해득할 수 없는 묘한 일들이 많은 법이니까. 어쨌든 이 아이를 잘 키우도록 합시다."

"예, 큰 인물이 되도록 키워야지요."

아내는 행복이 넘치게 웃었다.

안태훈은 사랑채로 나오며 그 북두칠성이 무엇을 뜻하는지 곰곰이 생각해보았지만, 아무리 생각해보아도 딱히 알 수가 없었다. 그는 어렸을 때부터 글공부가 남달리 뛰어나 신동 소리를 들으며 자랐고, 과거에도 쉽게 급제해 일찍이 진사가 된 유식한 사람이었다. 하지만 아기의 몸에 선명하게 찍힌 북두칠성의 뜻을 알아낼 방법은 없었다.

"아버님, 제 처가 그런 태몽을 꾼 적은 없다고 합니다. 하온데, 그 점들은 참으로 신기하다 못해 기이합니다. 그 점들이 그냥 흩어져 있는 것이 아니라 꼭 북두칠성 형상 그대로입니다. 이 어인 일인지, 아둔한 저의 머리로는 도저히 해독할 길이 없습니다."

안태훈은 아버지께 아뢰었다.

"으음……, 그건 정녕 하늘이 하신 일인 것 같으니 어찌 그 신묘함을 인간의 머리로 이를 수 있겠느냐. 우리는 그저 하늘의 뜻을 받들 수밖에 없고, 아기를 애지중지 잘 키우는 길밖에 없다. 그러니 우선 이름을 '응칠'이라고 하자. 응할 응(應)자에, 일곱 칠(七)자다."

"예, 아버님……."

안응칠, 그것은 안중근의 아명(아이 때의 이름)이다. 안응칠은 1879년 9월 2일 황해도 해주 수양산 아래서 아버지 안태훈과 어머니 조마리아 사이에서 맏아들로 태어났다.

할아버지 사랑 독차지

옛날부터 전해져 내려오는 말에 "아이들이 할머니 할아버지의 손에 자라면 버릇이 없다"는 말이 있다. 할머니 할아버지들은 손자 손녀들을 끔찍이 사랑해서 그저 예뻐하기만 하고 꾸중하거나 나무라지 않아 버릇 없이 자라게 된다는 뜻이었다. 그건 틀림없이 맞는 말이었다. 이 세상의 모든 할머니 할아버지들은 손자 손녀들이 어떤 말썽을 부려도 그저 오냐오냐 하며 예뻐하고 감싸느라고 정신이 없는 것이다.

 왜 그럴까? 그 이유는 무엇일까? 아무리 유식한 학자가 여러 가지 어려운 말들로 그것을 설명하려고 해도 그건 풀릴 문제가 아니다. 기껏 애써봐야 어렴풋한 짐작에 머무르고 만다. 세상에는 그렇게 설명이 잘 안 되고, 시원하게 풀리지 않는 문제들이 꽤나 많다.

 그런데 한 가지 분명한 것은 이 세상의 아이들은 할머니 할아버지의 그 폭포수처럼 쏟아져내리는 무한한 사랑을 받으며 무럭무럭 자란다는 것이다. 아이들에게 할머니 할아버지의 뜨거운 사랑은 몸과 마음을 살찌게 하는 최고의 영양분이기 때문이다.

 안응칠도 할아버지의 도타운 사랑을 철철 넘치도록 받으며 자라나고 있었다. 더구나 응칠의 아버지 안태훈은 이미 학식이 높고 글을 잘 짓는 젊은이로 이름이 나서 서울에 오래 머무는 일이 많았다. 학문을 더 닦아나가기 위해서였다. 그렇게 되니 응칠은 할아버지의 사랑을 더 흠뻑 받을 수밖에 없었다.

 손자 사랑에 날마다 벙글벙글 웃는 안인수는 겉보기처럼 평범한 노인이 아니었다. 그는 일찍이 진해 사또를 지낼 만큼 학식을 갖추었고, 어질고 덕이 두터워 자선가로 이름이 널리 알려져 있는 인물이었다. 가뭄이나 태풍으로 흉년이 들면 안인수는 어김

없이 곡식을 풀어 굶주리는 사람들에게 나누어주었다. 그는 그만큼 살림이 넉넉했다. 또한 어떤 거지든 그 집을 찾아가면 밥상에 차려낸 밥을 얻어먹을 수 있다고 소문이 나 있었다. 그래서 사람들은 번잡한 장터에서도 안인수의 그림자마저 밟지 않으려고 피해 설 정도로 그를 존경했다.

"그 어른이 손자 기저귀도 손수 갈아주신다며?"

"그렇다네, 글쎄. 그 지체 높고 점잖으신 어른이 어쩐 일이신가."

"숨 꼴딱 넘어갈 지경인 손자 사랑 앞에 양반이고 점잖은 것이 다 어딨어."

"그렇지만 그거 남들 보는 앞에서……."

"이 사람아, 소문을 들으려면 퉁맞지 않게 똑똑히 듣고 다녀. 그 양반이 사랑방에서 혼자 손자를 안고 놀 때나 기저귀를 갈아주지 남들 앞에서도 그러는 줄 아나?"

"그럼 기저귀를 사랑방에다 미리 갖다두는 모양이지?"

"그야 두말하면 잔소리지."

"하아, 그렇구먼. 어쨌거나 대단한 손자 사랑이야."

"왜 안 그렇겠어. 보통 손자라도 정신 못 차리게 예쁜 판에, 그 애는 또 유별나잖아."

"글쎄 말이야. 하늘의 정기를 타고났으니 얼마나 더 귀하게 여기시겠나. 참 부러운 일이야."

"암, 부럽다마다. 그 어른이 인심 후하게 사셔서 그리 복 받으시는 거지. 어쨌거나 사람은 마음을 잘 쓰고 살아야 해."

"그럼, 그럼."

안인수의 유별난 손자 사랑은 이렇듯 사람들의 입에서 입으로 퍼져나가고 있었다.

그런데도 안인수는 날이 갈수록 더욱더 손자 사랑에 깊이 빠져들고 있었다. 왜냐하면 손자 응칠이가 다른 아이들보다 영리해 할아버지의 마음을 사로잡기 시작했던 것이다. 응칠이는 생후 서너 달이 지나면서 할아버지를 알아보는 것 같은 기미를 나타내더니, 네 달이 지나고 다섯 달이 되면서는 그 사실이 분명해졌다. 응칠이는 할아버지를 보면 반달 모양으로 입을 한껏 벌리며 꽃이 피어나는 것 같은 웃음을 활짝 피워냈다. 그러면서 "어! 어!" 하는 소리를 내며 팔다리를 쭉쭉 뻗쳐 할아버지한테 안기고 싶다는 의사를 분명히 나타냈다.

"오냐, 오냐, 내 손자 응칠아, 이 할애비한테 안기고 싶다고? 그래, 그래, 이리 오너라. 어서 오너라."

안인수는 한없이 행복한 얼굴로 손자 앞에 두 팔을 있는 껏 벌렸다. 안인수는 손자의 그 웃음을 '반달꽃웃음'이라고 이름지었다.

응칠이는 할아버지만 빨리 알아본 것이 아니었다. 뒤집는 것도 보통 아이들보다 빨랐고 그 뒤로 기는 것, 걷는 것, 말하는 것까지 모두 다 빨랐다.

"이놈이 참 예사가 아니다. 장차 내가 없더라도 너희들이 유념해서 잘 길러야 될 아이다."

어느 날 안인수는 아들과 며느리에게 굳이 이렇게 말했다.

응칠이는 돌이 되기 전부터 입이 열리기 시작했다. 그리고 날마다 새로운 말을 떠듬거려 할아버지 얼굴에 웃음꽃이 활짝활짝 피게 만들었다.

"네가 바로 할아버지 보약이로구나. 어떤 보약이 네 재롱을 당하겠느냐."

"예, 어르신 백수 누리시는 건(백 살까지 사는 것) 따놓은 당상이십니다."

친척들이 안인수에게 하는 말이었다.

"그래, 내 마음이 백화(온갖 꽃) 만발한 꽃동산이 되고, 녹음 푸르른 숲이 되었네. 더 바랄 게 없어."

안인수는 주책없다는 소리를 들을 정도로 솔직하게 속마음을 드러냈다. 그 전에 볼 수 없었던 일이었다.

응칠이가 아장아장 걷게 되면서 안인수는 그런 손자를 데리고 산책하는 것을 큰 즐거움으로 삼게 되었다. 아니 좀더 정확하게 말하자면 손자 업어주는 재미로 산책을 하는 척하고 있었다.

"아이고 아버님, 애 업지 마세요. 그렇잖아도 허리 편찮으신 걸요."

며느리는 시아버지가 응칠이를 업은 것을 보고 질겁을 했다. 양반으로 평생 앉아서 글을 읽느라고 시아버지는 허리와 다리가 약해져 있었던 것이다.

"응칠아, 할아버지한테 어부바 하지 마라. 할아버지 허리 아야 해! 알겠지?"

며느리는 자기 허리를 쳐 보이며 아들을 타이르고는 했다.

"에잉, 괜히 애한테 그러지 말아라. 내 허리 아직 멀쩡하고, 내가 하고 싶어 하는 일이야. 응칠이를 업고 있을 때 그 맘을 어멈이 잘 모를 게야. 천하를 다 얻은 기분이라고 해야 하나, 든든하고 아늑하고 편안하다고 해야 하나. 하여튼 자꾸자꾸 업어주고 싶단다. 어쨌든 내 걱정은 말거라."

안인수는 너그럽게 웃으며 며느리에게 말했다.

그러던 어느 날 안인수는 산책길에서 또 손자를 업었다. 그런데 손자가 느닷없이 말했다.

"하버지, 힘드더?"

응칠이는 '할아버지'를 또박또박 발음하기가 힘이 들어 첫 단계 '하비'를 거쳐서 두번째 단계 '하버지'에 이르러 있었고, 잘 돌아가지 않는 혀는 '힘들어?'도 겨우 '힘드더?' 하고 있었다.

그런 손자의 갑작스러운 말에 안인수는 한순간 멈칫했다가 그 말뜻을 얼른 알아새기고는 재빨리 대꾸했다.

"아아—니이!"

안인수의 길게 늘여뺀 목소리에서는 할아버지의 정이 뚝뚝 떨어지고 있었다.

"왜에에—?"

응칠이도 어느새 할아버지의 어조를 흉내내고 있었다.

"우리 응칠이가 이쁘니까!"

이 말을 하면서 안인수는 자신도 모르게 고개를 잔뜩 뒤로 돌려 손자를 쳐다보았다. 그 순간 손자가 보드랍고 고운 웃음을 살포시 지어냈다. 그 웃음에는 그지없는 흡족함과 행복감이 담겨 있었다.

'아, 이런 영특한 것!……'

안인수의 머릿속에 동시에 떠오른 것은, 손자가 세 살밖에 안

되었다는 사실과, 그 나이에 벌써 할아버지에게 업히지 말라는 제 어미의 말에 마음 쓰고 있다는 점이었다.

그 영특함이 너무 신통하고, 손자를 업어주면서 느끼는 행복함이 너무 좋아 안인수는 집 밖으로 나오기만 하면 "어부바 해 줄까?" 하는 말을 먼저 꺼냈다. 그러면 응칠이는 못 이기는 척 할아버지에게 업히고는 꼭 "하버지, 힘드더?" 하고 물었다.

그 말 주고받는 것이 즐겁고 행복해 안인수는 틈만 나면 손자 업어주기에 바빴다. 그러나 역시 안인수는 나이 든 몸이었다. 손자를 업고 덩기덩기까지 해대다가 허리가 아파 며칠씩 고생하기도 했다. 그러나 며느리에게는 허리 아프다는 내색을 전혀 하지 않았다.

이렇듯 할아버지의 사랑을 독차지하며 응칠이는 무럭무럭 자라났다.

네 살부터 시작한 공부

안인수는 손자 응칠이가 네 살이 되자 글공부를 가르칠 채비를 했다. 그 채비라야 특별히 할 것은 없었다. 사랑채가 널찍하니 서당을 열 준비는 다 된 것이나 마찬가지였다. 책은 오래 전부터 가지가지로 다 갖추어져 있었고, 장소도 날이 서늘해지면 방으로 날이 더워지면 대청마루로 옮기면 되었다. 그런데 안인수가 채비하는 것은 따로 있었다. 그건 다름아닌 손자 응칠이의 마음잡기였다.

사람이 하는 일이란 그 어떤 사람이 무슨 일을 하든 간에 스스로 하고 싶어하고, 재미있어해야 의미도 있고 효과가 나는 법이다. 아무리 좋은 일이라도 스스로 하고 싶어하지 않는데 억지로 시켜서는 효과도 나지 않고, 시키는 사람이나 하는 사람이나 서로 불행할 뿐이다. 안인수는 손자 응칠이가 글공부를 할 마음이 있는지 없는지를 살피는 동시에 글공부를 하고 싶어하도록 조심조심 마음을 몰아가고 있는 참이었다.

안인수는 그 동안 손자를 무작정 예뻐한 것만이 아니었다. 날마다 찬찬히 살피고, 유심히 뜯어보고 하면서 손자의 기질이나 성격, 소질 같은 것을 파악하려고 애썼던 것이다. 그런데 손자는 뛰다가 넘어져도 잘 울지 않았고, 큰 아이들이 장난감을 뺏으려 들면 빼앗기지 않으려고 버티었고, 제 기분을 상하게 하거나 제가 하고 싶은 일을 못 하게 하면 한나절을 기운차게 울어댔다.

그런 강단이나 담력, 고집은 분명 남자다운 기질이었다. 또한 그것은 다분히 무인적 기질이었지 문인의 기질은 아니었다. 그런 기질로 글공부를 싫어하면 어쩌나 하는 염려를 안인수는 떨치지 못하고 있었다. 그래서 손자에게 무조건 천자문부터 읽히는 일반적이면서도 강압적인 방법을 쓰지 않았다.

어느 날부턴가 안인수는 손자 응칠이를 옆에 앉히고 붓글씨를 쓰는 데 필요한 것들을 즐비하게 펼쳐놓았다. 그건 할아버지들이 붓글씨를 쓰고 있다가 개구쟁이 손자들이 나타나면 부랴부랴 붓이며 벼루 같은 것을 치우는 것과는 정반대였다.

"어떠냐, 우리 응칠이도 할아버지처럼 붓을 척 들고 글씨를 써보고 싶지 않으냐?"

안인수는 은근 슬쩍 손자를 유혹하고 있었다.

"예 할아버지, 저도 해보고 싶어요."

호기심 많고 장난 좋아하는 응칠이는 대뜸 대들며 눈이 반들반들해졌다. 이제 응칠이는 '할아버지'도 또렷하게 발음했고, 양반댁 법도도 제대로 익혀 어른에 대해 존댓말도 빈틈없이 쓰고 있었다.

"하고 싶어? 그런데 응칠이가 잘할 수 있을까?"

손자가 몸이 달도록 할아버지는 고개를 갸웃했다.

"예 할아버지, 잘할 수 있어요. 자치기하고 닭싸움 하는 것처럼 잘할 수 있어요."

응칠이는 몸이 다는 듯 재빨리 말했다.

"에잉, 붓글씨를 쓰는 건 자치기하고 닭싸움 같은 것하고는 다르지. 자치기나 닭싸움은 기운 좋게 치고 뛰면 되는 거지만 붓글씨는 그 반대로 얌전하고 점잖게 앉아서 차근차근 또박또박 해야 하는 일이야. 그걸 응칠이가 할 수 있을까아?"

할아버지는 또 손자의 마음을 모르는 척 짐짓 시치미를 떼며 고개를 더 갸웃갸웃했다.

"할아버지, 정말 잘할 수 있어요. 잘할 수 있다니까요. 할아버지 아버지처럼 에헴 하고 점잖게 앉아서 글씨 또박또박 잘 쓸 수 있어요."

응칠이는 더욱 몸이 달아 할아버지 옷소매를 잡아흔들며 말했다.

"정말 할아버지 아버지처럼 잘할 수 있겠느냐?"

"예, 더 잘할 수 있어요."

"허! 할아버지 아버지보다 더 잘할 수 있다고?"

"예에, 더 잘할 수 있어요."

"그래, 약속할 수 있느냐?"

"예, 약속할 수 있어요."

"그럼 하늘 보고, 땅 보고 약속을 해라."

"예에!"

응칠이는 환하게 웃으며 몸을 발딱 일으켰다. 그리고 두 손바닥을 맞붙여 얼굴 앞에다 모았다.

"하늘 보고, 땅 보고 약속드립니다. 할아버지 아버지처럼 점잖게 앉아서 글씨 또박또박 잘 쓰기로 약속드립니다."

응칠이는 제 말에 맞추어 하늘을 우러러보고 땅을 내려다보고 했다. 그건 안인수가 고안해낸 약속의 방법이었다.

"오냐, 이제 되었다. 마음 단단히 먹고 이리 와서 붓을 잡아라."

안인수는 흡족하게 손바닥을 맞치며 손자를 향해 두 팔을 활짝 벌렸다. 응칠이는 꽃처럼 곱고 환한 웃음을 피우며 내달려와 할아버지 품에 안겼다.

'뭐라구? 할아버지 아버지보다 더 잘해? 요놈이 기만 승한 게 아니라 샘도 승하고, 시건방도 승하구나. 그래, 그 기세로 글공부도 열성으로 해서 이 할애비와 아버지를 넘어서라. 그게 모든 부모들이 바라는 바고, 그보다 더 큰 효도는 없느니라.'

안인수는 이런 생각을 하며 손자를 으스러져라 꼭꼭 끌어안았다.

안인수는 공부를 서두르지 않았다. 손자와 함께 붓장난, 글씨

장난을 하는 것처럼 하면서 자연스럽게 글씨를 익히고 뜻을 이해하게 했다. 무작정 우격다짐으로 외우게 하고, 종아리를 치는 일반 서당 방식은 자칫 잘못하면 글공부를 지루해하거나 싫증나게 할 위험이 있었던 것이다.

"옳지 그렇게, 위에서 아래로, 좌에서 우로, 이것이 저 위에 있는 하늘, 하늘 천!"

"하늘 천!"

"그렇지. 이번에는 좌에서 우로, 이것이 우리가 발 아래 딛고 있는 땅, 따 지!"

"따 지!"

"옳지! 우리 응칠이 잘한다. 상으로 뭐를 주랴. 꿀을 주랴, 곶감을 주랴, 엿을 주랴?"

"모두모두 다 주세요."

"그렇지, 옳거니. 우리 응칠이 똑똑타!"

할아버지는 다시 팔을 활짝 벌렸고, 응칠이는 붓을 든 채로 할아버지한테 안기는 바람에 할아버지의 옷 여기저기에는 먹이 마구 묻어났다. 그래도 손자를 끌어안은 할아버지는 아랑곳하지 않았다.

응칠이는 놀이를 할 때 열성인 것처럼 글공부도 열심히 해나갔다. 글을 외워나가는 총기도 뛰어났고, 글씨도 할아버지가 쓰는 것을 흉내내려고 콧등에 송글송글 땀이 맺히도록 낑낑댔다.

"하이고 이놈아, 이놈아! 너무 애쓰지 말어. 자꾸 쓰다보면 물 흐르듯이 저절로 되는 법이야. 이놈이 이거 욕심이 많기는."

안인수는 그런 손자가 그저 대견하고 신통해 엉덩이를 톡톡톡 다둑거리고 또 다둑거렸다.

'이놈이 이거 참 희한하다. 이놈이 강단이 세고 담만 큰 것이 아니구나. 총기 좋고 영특하기가 학문을 능히 해낼 만하고, 글씨 그려가는 걸 보면 손재주도 타고난 것 아닌가. 그리 되면 무사 기질에 문사 기질까지 겸비한 것인데, 몸에 북두칠성이 찍힌 것은 정말 예삿일이 아니지 않을까……. 문사 기질과 무사 기질을 겸하기가 얼마나 어려운 일인가. 이것 참 야릇한 일이다…….'

안인수는 갈수록 이런 생각을 깊이 하고는 했다.

그러던 어느 날 마을 사람 하나가 안인수를 찾아왔다.

"어르신께 드릴 부탁이 있습니다. 그냥은 감히 말씀드릴 수 없는 일입니다만, 어르신께서 기왕 손자를 가르치기 시작하셔서 드리는 말씀입니다. 아이들이 하나보다 여럿이면 훨씬 힘이 드시겠지만, 기왕 하시는 일이니 저희 자식들에게도 가르침을 내려주십사 부탁드리는 바입니다. 그러면 손자에게도 글동무가 생겨 공부를 더 잘하게 되지 않을까 생각됩니다."

"어험, 그게 그런가……. 나 좀 생각해보도록 하지."

안인수는 골똘히 생각한 끝에 그 사람의 부탁대로 하기로 했다.

과연 그 사람의 말은 맞았다. 글동무들이 생기게 되자 응칠이는 더욱 열심히 공부를 했다. 그런데 응칠이의 선생님은 둘이었다. 아버지가 서울에서 잠시 고향에 내려올 때면 할아버지를 대신해 서당 공부를 가르쳤기 때문이다.

다른 아이들보다 공부가 앞서 나간 응칠이는 다섯 살 때부터 시를 짓기 시작했다. 그리고 서법(붓글씨 쓰는 법)도 완전히 익혀 글씨도 제법 틀이 잡혀 있었다.

그러나 응칠이는 글공부만 열심히 하는 것이 아니었다. 이런저런 놀이에도 흠뻑 빠져들고는 했다. 응칠이는 특히 병정놀이를 좋아했다. 응칠이가 끝없이 칼과 화살을 만들어달라고 졸라대는 바람에 머슴들은 계속 애를 먹어야 했다. 응칠이가 어찌나 세게 칼싸움을 해대는지 나무칼은 부러지기 일쑤였고, 활을 쉴 새없이 쏘아대니 화살이 남아 날 도리가 없는 일이었다.

안인수는 그런 손자를 물끄러미 바라보고는 했다. 그런 그는 또, '저놈이 장차 무엇이 되려는고……' 하는 생각을 하고 있었다.

2. 먹구름 낀 하늘

청계동으로 이사

응칠이가 일곱 살이 되던 해에 집이 이사를 가지 않으면 안 되는 변고가 생겼다. 서울에 가 있던 아버지에게 불행이 닥친 것이었다.

그 무렵 나라 형편은 여러 가지로 어지러웠다. 서양 세력과 동양 세력들이 우리나라를 에워싸고 서로 차지하려고 눈을 번뜩이며 군침을 흘리고 있었다. 서양 세력은 프랑스·러시아·미국이었고, 동양 세력은 중국 청나라와 일본이었다. 그 나라들의 으르렁거리는 세력 다툼은 언제 천둥 번개가 치며 벼락이 떨어질지 모를 먹구름 낀 하늘 같았다.

그런 위태로운 형세 속에서 조정마저 부정 부패로 병들어 있었다. 모든 대신들이 자기 욕심만 차릴 뿐 나라를 지키는 데는 무능하기 짝이 없었다. 그런 위기 속에서도 나라를 걱정하는 젊은 관리들이 있었다. 일본의 도움을 받아 나라를 개혁시키고자 한 개화파의 대표는 김옥균 · 서재필 · 박영효 등이었다. 그리고 그들과 맞서고 있는 세력이 청나라에 의지하고 있는 수구파였다.

개화파는 조정을 혁신하고, 선진 문물을 배워와 새 나라를 만들기 위해 우수한 학생 70명을 뽑아 외국 유학을 시킬 계획을 세웠다. 거기에 응칠이의 아버지 안태훈도 들어 있었다.

새 나라를 만들 여러 가지 계획을 가진 개화파는, 청나라에 바치던 조공을 없애고, 신분제도를 폐지하고, 능력에 따라 관리를 임명하고, 관리의 부정을 막고 백성을 보호한다는 등 14개의 개혁안을 내세우며 정변을 일으켰다. 갑신년(1884년)에 일어난 그 정변(갑신정변)은 성공하는 듯했으나 3일 만에 무너지고 말았다. 수구파가 의지하고 있는 청나라 군대가 공격해대자 개화파를 도와주던 일본군이 슬그머니 물러서고 말았던 것이다. 결국 개화파는 단 3일 만에 권력을 다시 수구파에게 빼앗겼다. 그래서 갑신정변을 '3일천하'라고도 불렀다.

개화파의 박영효 · 김옥균 등은 인천을 거쳐 일본으로 망명할

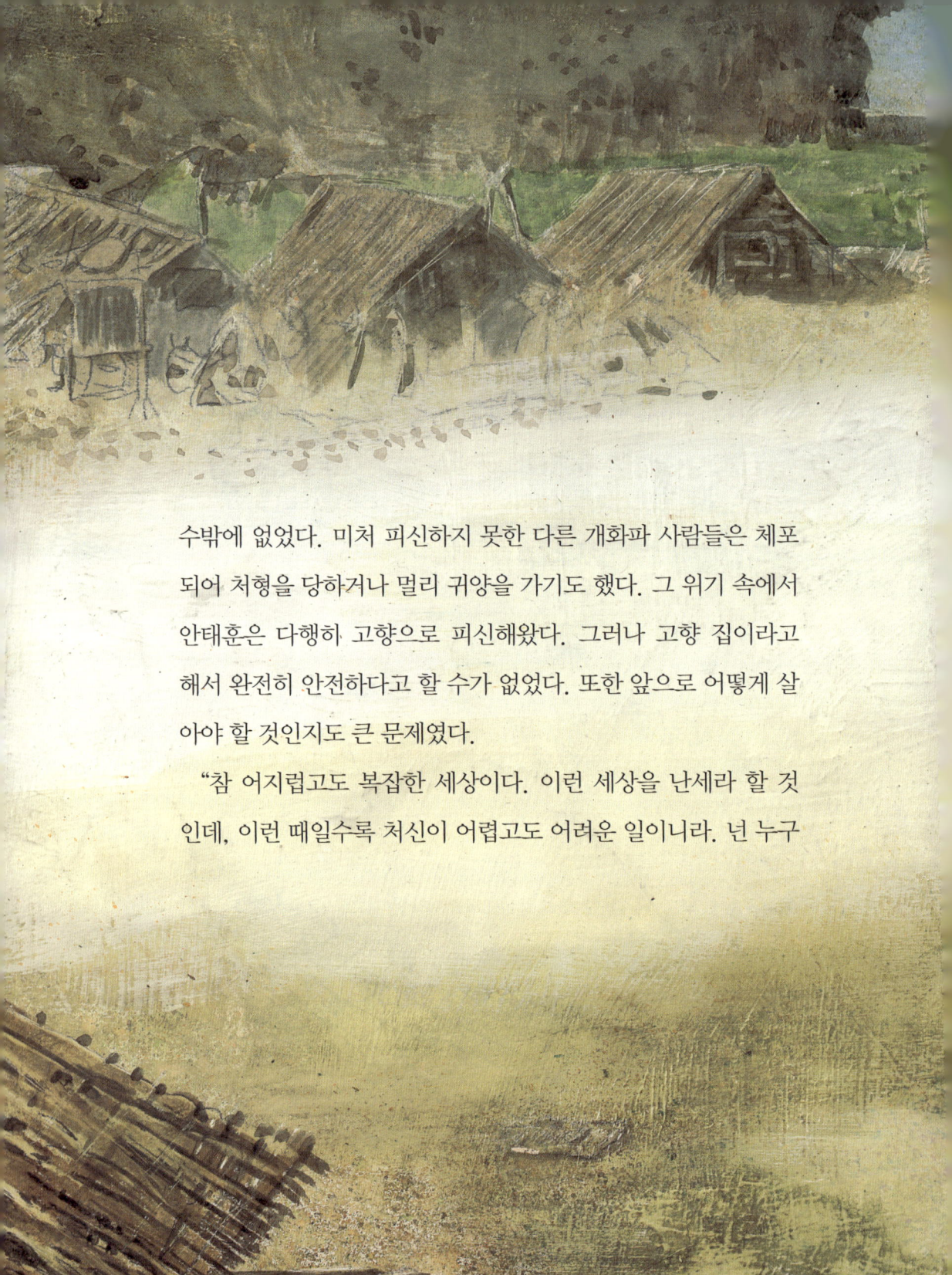

수밖에 없었다. 미처 피신하지 못한 다른 개화파 사람들은 체포되어 처형을 당하거나 멀리 귀양을 가기도 했다. 그 위기 속에서 안태훈은 다행히 고향으로 피신해왔다. 그러나 고향 집이라고 해서 완전히 안전하다고 할 수가 없었다. 또한 앞으로 어떻게 살아야 할 것인지도 큰 문제였다.

"참 어지럽고도 복잡한 세상이다. 이런 세상을 난세라 할 것인데, 이런 때일수록 처신이 어렵고도 어려운 일이니라. 넌 누구

보다 고심을 많이 하고 있을 터인데, 무슨 실마리라도 풀렸느냐?”

안인수가 근심스러운 얼굴로 아들에게 물었다.

“예, 짧은 소견에 밝게 보이는 것이 아무것도 없습니다. 아버님이 살피시기는 어떠신지요?"

안태훈도 근심 가득한 얼굴로 조심스럽게 말했다.

"글쎄, 난세에 대처하는 옛 어른들의 가르침도 많다만 막상 우리 앞에 닥치니 마음 정하기가 쉽지가 않구나. 좌우간 당사자인 네 생각부터 들어보자꾸나. 지금까지 생각한 걸 말해보려무나."

"예……, 나랏일이 날로 잘못되어가니 어찌 부귀와 공명을 바라겠습니까."

안태훈은 가늘게 한숨을 쉬며 고개를 떨구었다.

"그래, 네 말이 옳다. 일찌감치 산중에 들어가 살면서 구름 아래 밭이나 갈고, 달밤에 고기나 낚으며 세상을 마치는 것이 낫겠구나. 그리 하자."

안인수는 이렇듯 아들의 뜻에 흔쾌하게 동의했다.

아버지와 아들의 마음이 합해지자 곧 재산 정리가 시작되었다. 많은 논밭부터 팔기 시작했다. 집을 마지막으로 정리해서 황해도 신천군 청계동으로 이사를 떠났다. 80여 명의 대가족이 이삿짐 뒤를 따랐다. 가족들만이 아니라 하인들도 많기 때문이었다.

청계동은 지형이 험준한 산중이었다. 그러나 산들로 에워싸인 그곳은 너른 논밭이 잘 갖추어져 있고 경치 또한 아름다워 세상을 등지고 살기에는 아주 안성맞춤이었다. 안인수는 세상을 오래 살아온 밝은 눈으로 별천지를 구한 것이었다.

그때부터 응칠이는 정식으로 서당에 다니며 본격적으로 공부를 시작했다. 할아버지가 손자의 앞날을 위해서 공부를 게을리하면 회초리도 드는 엄한 선생 앞으로 손자를 보낸 것이었다.

응칠이는 그런 할아버지의 뜻을 따라 글공부를 열심히 했다. 할아버지 할머니가 자신을 끔찍이 사랑해주는 것을 생각하면 공부에 게으름을 피울 수가 없었다. 또한, 전과 다르게 엄한 아버지의 눈초리가 자신을 지켜보고 있었다.

그런데 응칠이는 무예를 기르는 것도 글공부만큼 열심히 했다. 나이를 먹어가면서 말타기도 배워야 했고, 특히 총 쏘는 솜씨를 익혀야 했다. 총에 비해 활쏘기는 비교도 안 될 만큼 시시하고 하찮았다. 응칠이는 총을 본 다음부터 활에는 아예 흥미를 잃어버렸다. 깊은 산을 뒤로하고 있는 청계동에는 총을 가진 포수들의 발길이 끊이지 않았다. 그리고 포수들은 그 동네에서 가장 높은 어른인 응칠이 할아버지에게 문안드리는 것을 잊지 않았다.

"우리 응칠이가 아직 어리지만 무예에 관심이 많으니 안전하게 총을 좀 다루어보게 해주게나."

응칠이의 할아버지는 어느 날 마침내 어떤 포수에게 이렇게 말했다. 그 동안 손자 응칠이가 졸라대고 또 졸라댔던 것이다.

"아닙니다, 아버님. 총은 활쏘기하고는 딴판으로 위험합니다. 애들이 만져서는 안 되는 흉한 무기입니다."

응칠이 아버지의 반대였다.

"알고 있다. 그러니까 총을 그냥 맡기지 말고 꼭 지켜서서 감독해야 한다. 위험하다고 아예 총을 만지지 못하게 하면 이놈 성질에 글공부도 안 해버릴 것이다. 허고, 어차피 총을 다루어야 하는 시대가 되었으니 남자로서 남들보다 먼저 솜씨를 익혀서 나쁠 것도 없다."

그래서 응칠이는 포수 아저씨들에게 총 쏘는 법을 배우기 시작했다.

"저놈 참 별나다니까. 어린애가 총 쏘는 걸 어찌 저리 좋아하지? 기껏 총 잘 쏴봤자 우리 같은 포수꼴밖에 더 될 게 뭐 있고."

"이 사람, 하나만 알고 둘은 모르는 소리 하고 앉았네. 똑같은 짓도 상놈이 하는 것하고 양반이 하는 것하고 완전히 다르다는 걸 모르나? 우리 같은 상놈들이야 총을 잘 쏴봤자 포수꼴이지만 족보 뜨르르한 안진사댁 자제께서 총을 잘 쏘면 장군감 아닌가."

"허, 그게 그리 되나?"

포수들이 나누는 말이었다.

응칠이는 총 다루는 법 하나하나를 글공부하는 열성으로 익혀 나갔다. 그렇게 3년을 해서 열 살이 넘게 되자 고정되어 있는 표적을 백발백중 맞히게 되었다. 그 다음이 이동표적 사격이었다. 움직이는 표적을 쏘아 맞히는 것, 그것은 참으로 어려운 일이었다. 그것을 2년 넘게 연습해서 또 백발백중에 이르게 되었다. 그 다음이 마지막 단계인 말을 타고 달리며 이동표적을 맞히기였다. 그건 정말 힘겨운 일이었다. 그런데 응칠이는 또 2년 가까이 연습해서 백발백중을 이루어냈다.

"저것 참 신기가 따로 없구나. 글공부도 잘하고 무예도 저리 출중하다만 시대가 난세이니 아깝구나."

손자를 바라보는 할아버지의 탄식이었다.

"예, 아이들에게 면목이 없습니다."

아버지 말씀에 동의하며 안태훈도 소리나지 않게 한숨을 쉬었다.

'중근'으로 이름을 갈다

"우리 응칠이도 어느새 장가들 나이가 다 되었구나. 이제 나이에 맞도록 아명은 거두고 정식 이름을 가질 때가 되었구나. 우리 응칠이는 나무랄 것 없이 다 좋은데, 이 할아버지가 보기에는 좀더 무게 있게 묵직했으면 좋겠고, 좀 급한 편인 성격을 다스렸으면 금상첨화일 것이다. 그래서 그런 뜻을 두루 담아 무거울 중(重)자, 뿌리 근(根)자로 이름을 지어보았다. 할아버지 마음 알겠느냐?"

어느 날 할아버지가 새 이름을 내리며 한 말이었다.

그리고 얼마 지나지 않아 할아버지는 이승의 여행을 끝내고 저승으로 떠나갔다. 안중근의 나이 열네 살 때였다. 안중근은 복받쳐오르는 슬픔을 도저히 견딜 수가 없었다. 자신을 사랑해준 할아버지 할머니의 사랑은 그 무엇에도 비교가 되지 않았고, 그 어떤 말로도 다 할 수가 없었다. 그런 할아버지가 돌아가시다니……, 안중근은 그 슬픔과 허망함을 이겨낼 수가 없었다.

생자필멸(살아 있는 모든 것은 다 죽는다)이라고, 할아버지와 부모님이 차례로 먼저 돌아가시는 것은 자연의 순리라고 마음을 다스리려고 했지만 아무런 효과가 없었다. 안중근은 너무나 큰 슬픔에 빠져 시름시름 앓기 시작했다. 할아버지에 대한 사무치는 그리움과 슬픔이 병이 되어 그는 여섯 달이나 앓아누웠다.

"효도가 따로 있소. 저게 극진한 효도지."

"그러게 말이오. 사후에까지 저리 뜨겁게 효도를 받으니 손자 사랑도 할 만한 것이오."

"에이, 손자라고 어디 다 저러나요. 응칠이 심성이 유별나게 깊고 굳어서 저러는 거지요."

"하긴 할아버지들 치고 손자 안 이뻐하는 경우가 없는데, 손자가 저리 효성스럽기는 드문 일이지요."

사람들은 안중근의 병앓이를 놓고 이렇게 입을 모았다.

반년이 지나면서 안중근은 병을 이겨내고 기운을 차렸다.

"중근아, 이제 새 마음으로 글공부에 더욱 매진하도록 해라. 그게 할아버지께서 원하시는 것이기도 하니까."

할아버지가 돌아가셨으니 이제부터 자신이 직접 지도하겠다는 뜻으로 안태훈 진사는 아들에게 말했다.

"……."

그러나 안중근의 입에서는 그 흔한 "예" 하는 대답이 나오지 않았다.

"너 정신을 어디다 팔고 있느냐. 너 공부할 마음이 있는 거냐,

없는 거냐!"

서당 선생이 꾸짖었다.

"……."

그러나 안중근은 여전히 아무 대꾸도 하지 않았다.

안중근은 아버지나 선생의 말에 응답이라도 하듯이 전보다 더 자주 사냥꾼들을 따라다녔다. 머리를 새빨간 천으로 묶은 그의 모습은 사냥꾼들 사이에서 유난히 돋보였다. 마구 내달리는 산짐승이고, 날아가는 새들이고 그가 겨냥하면 놓치는 일이 거의 없어서 사냥꾼들은 그를 어리게 취급하지 않았다.

"자네 조부님이나 부친은 문장으로 세상에 이름을 떨쳤는데 자네는 어쩌자고 글공부보다는 사냥질에 빠져서 천하게 밑바닥 인생을 살려는 것인가?"

어느 날 친한 친구들이 이렇게 나무라고 나섰다.

"그래, 자네들 말도 옳네. 허나 내 말도 좀 들어보게. 옛날 초패왕 항우(중국 진나라 말기에 유방과 맞서서 천하의 권력을 다툰 장수)가 '글은 이름이나 적을 줄 알면 그만'이라고 했네. 그랬는데도 초패왕의 명예는 천 년이 지나도록 생생하게 살아서 전해지네. 그런 초패왕에 비하면 나는 경서, 사서 할 것 없이 글을 너무나 많이 읽었네. 그리고 난 학문으로 세상에 이름을 드러내고 싶지 않네. 나는 항우처럼 씩씩한 장부로서 일생을 살 생각일세. 그러니 자네들은 다시는 나한테 공부를 권하지 말게."

안중근의 태도가 어찌나 단호한지 친구들은 더 말을 잇지 못했다.

그리고, 그 이야기가 선생에게 전해지고, 다시 안태훈 진사에게 건너갔다. 안진사도 서당 선생도 안중근에게 더는 공부 얘기를 꺼내지 않았다.

그러던 어느 날 '장부'로서 살고 싶어하는 안중근의 몸이 얼마나 날쌔고 강건한지를 보여주는 돌발사건이 생겼다.

온갖 꽃들이 피어나기 시작하는 어느 봄날 안중근은 친구들과 함께 산에 올랐다. 봄이 물드는 아름다운 경치를 구경하다가 아래가 까마득해 보이는 낭떠러지에 이르렀다. 그런데 험한 바위들이 울퉁불퉁 쌓인 벼랑 끝에 피어 있는 꽃이 너무나 곱고 탐스러워 보였다. 안중근은 망설일 것 없이 꽃을 꺾으려고 나섰다. 이 바위, 저 바위를 옮겨 타며 팔을 뻗치는 순간 한쪽 발이 미끄러졌다. 그리고 순식간에 몸이 아래로 굴러떨어지고 있었다.

"어, 어……!"

친구들은 숨막히는 비명을 토했다.

그런데 아래로 곤두박이던 안중근이 떨어지는 것을 멈추었다.

벼랑에 솟아난 나뭇가지를 움켜잡은 것이었다. 그 깎아지른 낭떠러지에는 그 나무 하나가 솟아나 있을 뿐이었다. 만약 그 나무를 붙들지 못했더라면 안중근은 수십 길 아래로 떨어져 그대로 저승객이 되고 말았을 것이다.

"와아, 중근이가 살아났다!"

"빨리빨리 밧줄 구해!"

친구들이 환호성을 질렀다.

"나도 잘 몰라. 잡고 보니 나뭇가지였지 뭐."

밧줄을 잡고 올라온 안중근이 씩 웃으며 친구들에게 한 말이었다.

친구들은 안중근을 과연 장부로 떠받들지 않을 수 없었다. 그것이 안중근이 죽을 고비를 넘긴 첫번째 사건이었다.

동학농민혁명의 물결 속에서

안중근은 1894년 열여섯 살로 김홍섭의 딸 아려와 결혼했다.

그 무렵 나라 형편은 한층 더 어지러워졌다. 왜냐하면 농민들이 동학당이라는 이름으로 들고일어났기 때문이었다. 그 동학당의 봉기는 피할 수 없는 일이었다.

동학이란 1860년 서학인 천주교에 반대하여 수운 최제우가 일으킨 신흥종교였다. 동학은 '동쪽의 땅' 곧 한국의 종교란 뜻이었고, 교리의 핵심은 '모든 사람은 하늘'이라는 뜻의 인내천(人乃天)이었다. 그 평등사상은 대대로 상놈으로 천대받고 살면서, 부정 부패한 관리들에게 끝없이 재산을 빼앗기며 시달려온 농민들의 마음을 급속도로 사로잡으며 전국으로 퍼져나갔다. "동학으로 뭉치면 아무도 차별당하지 않고, 타락한 관리도 없는 세상을 만들어 행복하게 살 수 있다." 농민들에게 이 말보다 더 큰 위안과 희망은 없었다.

그런데 마침 전라도 고부 군수 조병갑이 백성들의 재산을 마구 빼앗고 너무나 못살게 굴어서 마침내 농민들이 동학군으로 변해 들고일어난 것이었다. 녹두장군 전봉준이 타락한 조정과 맞서 싸울 깃발을 들어올리자 그 불길은 삽시간에 전국으로 번져나갔다. 동학도들의 조직은 그렇게 방방곡곡에 퍼져 있었던 것이다.

그런데 동학군 모두가 인간 차별이 없는 인내천의 세상, 타락하고 썩은 벼슬아치들을 몰아낸 새 세상 건설을 위해 바르게 행동한 것은 아니었다. 동학군을 빙자하여 닥치는 대로 돈을 빼앗거나 도둑질을 하는 자들의 행패가 곳곳에서 벌어졌다.

  올바른 동학군들은 그런 가짜 동학군들을 없애기 위해 또 싸워야 했다. 백범 김구의 부대가 이동엽 부대와 싸운 것이 그 좋은 예였다.

  안태훈 진사는 가짜 동학군들을 막아내기 위해서 군대를 조직했다. 그는 주변에 있는 포수들을 다 불러모았다.

"아버님, 저도 나서겠습니다."

안중근은 그 기회를 놓치지 않았다.

"이것은 그냥 사냥이 아니다. 넌 아직 어리니 물러나 있거라."

안 진사는 고개를 저었다.

"소자 이미 장가를 든 몸인데 어찌 어리다 할 수 있겠습니까. 그리고 아버님도 아시다시피 저는 그 어떤 포수 못지않게 총을 다룰 수 있습니다. 장부로 나서고자 함이니 막지 말아주십시오."

안중근은 불길 이는 눈길로 힘차게 말했다.

안진사는 말문이 막히고 말았다. 그는 말없이 고개만 끄덕였다.

  안진사의 병사는 70여 명이었다. 그러나 그들은 모두 총을 가졌고, 사격술이 능한 포수들이었다. 그러므로 대창이나 농기구로 무장을 하고, 남의 물건이나 탐내는 가짜 동학군 몇백 명쯤은 얼마든지 상대해낼 수 있는 힘을 가지고 있었다.

안진사는 비밀리에 자기 주변에서 활동하고 있는 동학군 부대들 중에서 어느 부대가 가짜고, 어느 부대가 진짜인지를 탐지했다. 그런데 나쁜 짓을 전혀 하지 않는 진짜 부대가 김창수 부대였다. 김창수는 다름아닌 훗날의 백범 김구였다. 그래서 안진사는 김창수에게 밀사를 보냈다. 이미 안진사가 어떤 인물인지를 알고 있었던 김창수는 안진사에게 화답을 보냈다.

그래서 안진사와 김창수 사이에는 '나를 치지 않으면 나도 치지 않는다' '어느 한쪽이 불행에 빠지면 서로 돕는다'는 밀약을 세웠다.

그러던 어느 날 가짜 동학군 부대가 안진사네 마을 청계동으로 쳐들어왔다. 그들의 숫자는 엄청났다. 눈어림으로 얼추 2천여 명을 헤아렸다. 동학당의 깃발들이 나부끼고, 창과 칼들이 번쩍이고, 북소리 고함소리들이 청계산을 뒤흔들었다. 청계산에 진을 치고 있는 안진사의 부대는 동학군의 그 기세에 그만 위축되고 있었다.

그런데 갑자기 불어대는 12월 동풍을 타고 비가 마구 쏟아져 눈앞을 분간하기가 어려워지게 되었다. 온몸이 젖은 동학군들은 추위 속에서 기세가 꺾여 10리쯤 뒤의 마을로 물러갔다. 거기서 밤을 지낼 모양이었다.

"내일까지 이대로 있다간 적에게 포위당해 종말을 맞게 될 것이오. 그렇게 되기 전에 방법은 단 하나, 오늘밤 우리가 먼저 기습하는 것이오!"

안진사가 작전명령을 내렸다.

닭이 울자 새벽밥을 지어 먹었다. 그리고 정예 병사 40명으로 된 특공대가 출발했다. 남은 병사들은 진지에 포진했다.

안중근은 자원한 동지 여섯 명을 이끌고 선봉 겸 정찰대로 나섰다. 그들은 민첩하게 수색을 하면서 적진 가까이 다다랐다.

적진을 유심히 살폈다. 여기저기 피워놓은 모닥불로 적진은 대낮 같았다. 그런데 병사와 말들의 움직임이 어찌나 소란스럽고 어지러운지, 규율이라고는 전혀 없어 보였다. 안중근은 자신감이 솟는 것을 느꼈다.

"지금 습격하면 틀림없이 성공할 것이오."

"글쎄요, 적이 저렇게 많은데······."

모두 주저하는 기색이었다.

"모두 겁먹지 말고 적들을 똑똑히 보시오. 저건 수만 많았지 전부 오합지졸이오. 저런 무리들은 십만 아니라 백만이라도 겁날 게 없소. 이 어둠을 이용해 갑자기 총을 난사해대며 치고 들어가면, 몇 놈만 총 맞아 쓰러져도 저 오합지졸들은 걸음아 날

살려라 하고 뺑소니치기 시작할 것이오. 겁먹고 한번 무너지기 시작한 대오는 하늘도 막지 못하는 법이오. 자아, 모두 힘을 합쳐 내 작전을 따르시오."

"예, 알았습니다."

그들은 모두 뜻을 합쳤다.

안중근은 적의 대장 진지를 향해 연속사격 명령을 내렸다. 그들은 일제히 사격을 시작했다. 새벽의 고요 속에 총성은 요란하게 울려댔고, 그 느닷없는 공격에 적들은 금세 혼란에 빠졌다. 질겁을 한 적들은 서로 밀치고 다투며 무기도 버린 채 달아나느라고 정신이 없었다. 그들은 거침없이 적들을 추격했다.

그런데 어둠이 걷히며 동이 터왔다. 그때서야 적은 이쪽의 세력이 별것 아니라는 것을 알아차리게 되었다. 적들은 포위공격을 가해왔다. 그들은 서로 등지고 적을 향해 공격을 퍼부어댔다. 그러나 적들은 워낙 수가 많았다. 위기에서 벗어나려고 이쪽, 저쪽에 공격을 가했지만 포위망은 뚫리지 않았다.

그때 등 뒤에서 함성과 함께 요란한 총성이 울리기 시작했다. 안중근 편의 지원병이었다. 총 잘 쏘는 40여 명이 가하는 집중 공격의 위력은 크지 않을 수 없었다. 무장이 허술한 적들은 다시 달아나기 시작했다. 안중근 부대는 적을 추격하며 협공을 가했다. 적들은 총격을 피해 아무런 질서 없이 사방으로 흩어져 도망치기에 바빴다.

적들이 버리고 간 것들은 많았다. 무기, 말들, 특히 군량미는 엄청난 양이었다. 통쾌한 승리였다.

적들은 안 되겠다고 생각했는지 다시는 청계동으로 밀려들지 않았다. 그리고 차츰 시간이 가면서 전국적으로 일어났던 동학도들의 불길이 사그라져갔다. 인내천 세상을 꿈꾸었던 그들의 바람은 막강한 신식 무기를 가진 일본군 앞에서 산산이 부서지고 말았다.

그 무렵 안진사의 집에 젊은 손님이 나타났다. 동학군의 실패로 몸을 피해야 하는 김창수였다. 안진사는 밀약했던 대로 김창수를 반갑게 맞아들여 매일 후하게 대접했다.

안진사에게는 아들이 셋 있었는데, 맏아들이 중근으로 나이 열여섯에 이미 결혼하여 상투를 틀었고, 자색 명주수건으로 머리를 동이고서 날마다 총을 메고 사냥을 다녔다. 안중근은 영리하고 사격술이 뛰어나 나는 새, 달리는 짐승을 백발백중으로 맞히는 재주가 있었다. 짐승을 사냥해오면 안진사의 여섯 형제들이 반드시 한데 모였고, 오주부(吳

主簿)·고산림(高山林)·최선달(崔先達) 등도 모였다. 나는 술 마시고 시를 읊조리는 데 아무 재주가 없었지만, 함께 초청받아 산짐승과 들새 고기의 진미를 맛보고 즐겼다.

안진사는 자기 아들과 조카들을 위하여 서재를 만들었다. 안진사는 당시 8,9세의 정근과 공근에게는 언제나 "글을 읽어라", "어서 써라" 하고 독려했지만, 맏아들 중근에게 공부하지 않는다고 야단치지 않았다.

훗날 김구는 『백범 일지』에서 안중근을 이렇게 회상하고 있다.

천주교인이 되다

1895년 녹두장군 전봉준이 처형되면서 동학 농민군들도 사라졌다. 그러나 그들의 투쟁이 아무런 성과 없이 끝난 것은 아니었다. 국민의 평등과 자유가 없는 봉건주의를 반대하고, 우리나라를 삼키려는 외세에 대항한 동학도들은 새 세상을 만들기 위해 12가지 개혁안을 내놓았고, 그 주장은 정부가 서양의 제도를 본받아 종래의 제도를 근대적으로 고친 갑오개혁(갑오경장)에 직접적인 영향을 미치는 성과를 거둔 것이다.

　동학군들이 사라지자 안진사는 자신이 거느리고 있던 병사들에게 전리품으로 거두었던 쌀을 고루 나누어주고 부대를 해산시켰다. 그 동안에 포수들은 한 사람도 상하지 않고 각자 집으로 돌아갔다.

　그런데 그 동안 고생한 것이 원인이라도 된 것인지 안중근은 큰 병에 걸렸다. 유명한 의원들을 모셔들였지만 딱히 무슨 병인지를 알아내지 못했다. 이 약, 저 약을 써보았지만 안중근은 심하게 앓아누웠다. 꼬박 두 달을 앓고서야 그는 병을 이기고 일어났다. 두번째 넘긴 죽을 고비였다.

　어느 날 두 사람이 안진사를 찾아왔다.

　"작년 동학 난리 때 안진사께서 전리품으로 습득한 쌀 있잖소? 그게 본래 절반은 지금 탁지부 대신(재무 담당 장관) 어윤중 대감이 사두었던 것이오. 그리고 나머지 절반은 전 선혜청 당상(조선시대 때 대동미 등을 관장하던 관청과 벼슬) 민영준 대감의 농장에서 추수해들인 곡식이니 당장 그 수량대로 두 분께 돌려드리도록 하시오."

　그들이 꺼내놓은 말이었다.

　"그래요? 그 말이 꼭, 토끼 사냥이 끝나자 애쓴 개를 잡아먹고, 시냇물을 건너면서 요긴하게 쓴 지팡이도 시내를 다 건너고 나면 모래밭에 내동댕이친다는 고사와 같구려. 동학당의 난동 앞에서 그들의 관직을 지켜줬더니 그 공을 치하하기는커녕 이제 와서 자기들 재산을 내놓으라고요? 난 그게 누구의 쌀인지 알 바 아니오. 난 그 쌀을 동학당을 무찌르고 나서 전리품으로 획득했고, 그걸 우리의 군량미로 쓰고 남은 것은 부대를 해산하면서 대원들의 공을 치하하는 뜻으로 고루 나누어주었으니 지금 나한테는 쌀 한 톨 남은 게 없소. 가서 그렇게 전하고, 다시는 나한테 그런 말 하지 마시오."

안진사는 엄한 얼굴로 냉정하게 말했다.

두 사람은 더 이상 아무 말도 하지 못하고 돌아갔다.

그런데 얼마쯤 지나 서울에서 급한 편지가 왔다. 그 편지는 전 판결사(조선시대에 노비에 관련된 소송을 담당하던 벼슬 이름) 김종한이 보낸 것이었다.

'지금 탁지부 대신 어윤중과 민영준 두 사람이 잃어버린 곡식 포대를 찾을 욕심으로 황제 폐하께 '안아무개가 막대한 국고금과 수입한 쌀 천여 포대를 몰래 도둑질해갔습니다. 사람을 시켜 조사해보니, 그 쌀로 병사 수천 명을 길러 음모를 꾸미려 하고 있습니다. 만일 이대로 놔두면 국가에 큰 난리가 있을 것입니다'

라고 거짓 고발하였소. 나라에서 곧 군대를 파견하려 하고 있으니 빨리 올라와 수습하도록 하시오.'

편지의 내용이었다.

안진사는 곧 서울로 향했다. 사태는 과연 심각해져 있었다. 안진사는 사실을 사실대로 적어 재판소에 억울함을 호소했다. 재판이 서너 번이나 열렸으나 권세 있는 사람과 연관된 일이라 끝내 속시원한 판결이 내려지지 않았다.

그때 물론 안중근은 아버지 옆을 그림자처럼 따라다니며 아버지를 지켰다.

그 답답한 사태를 보다 못한 김종한이 정부에 이렇게 건의하였다.

"안아무개는 본래 도적의 무리가 아닐뿐더러 의병을 일으켜 도적들을 무찌른 공신입니다. 마땅히 그 공훈을 표창해야 할 일이거늘, 도리어 당치도 않는 말로써 이렇게 모함할 수가 있습니까?"

그러나 어윤중은 끝내 마음을 돌리지 않았다. 그런데 갑자기 어윤중이 죽었다. 충청도 고향으로 가다가 사감을 품은 무리들에게 돌로 찍혀 참혹하게 세상을 떠난 것이다. 그의 나이 마흔아홉이었고, 사건은 그것으로 마무리되는 줄 알았다.

그런데 독사가 물러나니 호랑이가 나타나더라고, 이번에는 민영준이 칼을 빼들고 나섰다. 민영준은 세도 당당한 민씨 집안이어서 사태는 더욱 위급해졌다.

낭떠러지에서 그냥 떨어질 수 없는 안진사는 어찌할 수 없이 프랑스 사람이 운영하는 천주교 성당으로 피해 들어갔다. 그는 몇 달 동안 교회에서 나오지 않았고, 민영준은 결국 그 일을 포기하고 말았다.

임진왜란 무렵에 우리나라에 소개된 천주교는 여러 차례 박해를 받으며 조선 말에 이르렀다. 고종이 왕위에 오르면서 실권을 휘두르게 된 대원군은 병인박해(1866년)를 일으켰다. 그 사건으로 프랑스 선교사들이 학살당하게 되자 중국에 주둔해 있던 프랑스 함대가 강화도를 침범하는 병인양요를 일으켰다. 그 후 박해와 침범이 거듭되어오다가 마침내 1886년 한·프랑스 수호조약이 체결되면서 천주교는 가까스로 전도의 자유를 얻게 되었다.

안진사는 성당에서 그저 놀며 밥만 얻어먹은 것이 아니었다. 그는 전부터 천주교에 관심을 가져왔던 터라 설교를 많이 듣는 동시에 성경도 열심히 읽었다. 그는 천주교 신자가 되어 성당을 나섰다.

안진사를 천주교 신자로 만든 프랑스 신부의 이름은 조셉 빌렘이었고, 세례명은 요셉이었다. 요셉 신부의 우리나라 이름은

홍석구였다.

　안진사는 복음을 전파하려고 교리에 박식한 이보록이라는 사람과 함께 성경책을 많이 가지고 고향으로 돌아왔다. 안진사는 열성적으로 성경 말씀을 널리 전파해나갔다. 그는 평소부터 신망이 두터워 많은 사람들이 그를 따라 입교하고 있었다.

　물론 안진사의 가족들도 모두 천주교를 믿게 되었다. 안중근은 요셉 신부에게 영세를 받고, 세례명을 도마(토마스)라 하였다.

일본 세력이란 먹구름

　동학군의 불길이 사그라들었다. 하지만 세상은 평온해지지 않았다. 세상은 더 위태롭게 변해 있었다. 신식 무기들을 앞세워 동학군들을 섬멸한 일본군들이 한반도 전체를 차지하다시피 해버렸기 때문이다. 그것은 청일전쟁에서 일본이 이긴 결과였다.

　청일전쟁이 일어난 배경은 이러했다. 임금은 무능했고, 그 아래서 높고 낮은 벼슬아치들은 자기들 배를 불리기 위해 권력으로 백성들을 억누르고 못살게 굴면서 부정 부패를 일삼았다. 그 타락은 억지 세금을 매기고, 재산을 강제로 빼앗는 것으로 끝나지 않았다. 돈으로 벼슬을 팔고 사는 매관매직까지 일삼을 정도로 썩고 썩어 있었다. 돈을 주고 벼슬을 산 자들이 어떻게 관리 노릇을 하겠는가.

애초에 관리가 될 자격이 없어 돈을 주고 벼슬을 산 것이니 나랏일을 제대로 처리할 리가 없었다. 또, 그저 출세하고 싶고 권력을 이용해 잘살고 싶은 욕심으로 벼슬을 산 것이니, 그런 자들은 어서 벼슬을 사는 데 쓴 본전을 뽑고, 더욱 잘살기 위해 돈을 모으는 데만 혈안이 되어 있었다. 그런 자들이 밤낮으로 하는 일은 백성들을 억압하고 못살게 구는 일 뿐이었다.

타락할 대로 타락한 관리들과, 그들을 제대로 다스리지 못하는 무능한 임금이 백성들의 원성을 사고 인심을 잃는 것은 너무나 당연한 일이었다. 그래서 참고 견디다 못한 백성들은 사람이 사람답게 사는 새 세상을 만들자고 한뜻으로 뭉쳐 들고일어난 것이었다. 그것이 동학군 봉기였다.

봉기의 불길이 전국으로 번지자 자기 왕조를 지키는 데 급급한 임금은 중국 청나라에 봉기를 진압해달라고 매달렸다. 청나라는 즉각 군대를 동원하고 나섰다. 청나라 입장에서는 가만히 있는데 고깃덩어리가 저저 굴러들어온 것이나 마찬가지였기 때문이다. 청나라는 다른 나라들과 함께 조선을 집어삼키려고 노리고 있는 참이었다. 그런데 조선에서 먼저 구원을 청해온 것이니, 이번 위기에서 구해주면 조정을 그대로 손아귀에 넣을 수 있는 기막힌 기회였다.

그러나 청나라의 노림수는 그대로 이루어지지 않았다. 훼방꾼이 그들의 정면에 나타났으니, 바로 일본이었다. 일본도 청나라와 똑같이 조선을 노리고 있었는데, 청나라 혼자서 먹이를 쉽게 먹게 내버려둘 리 없었다. 일본은, 혼란스러운 조선 땅에 와 있는 자기네 국민들을 보호한다는 이유를 꾸며대 군대를 발동시키고, 청나라와 전쟁을 일으켰다.

이유 있는 항거를 하는 자기 나라 백성들의 목숨을 타국의 군대 앞에 내놓는 짓을 한 무능한 임금 때문에 한반도는 갑자기 청나라와 일본의 전쟁터로 변하고 말았다. 그것이 청일전쟁이었다.

1894년부터 1895년에 걸친 청일전쟁은 신무기로 잘 무장한 데다 신무기 다루는 기술이 훨씬 앞선 일본의 연전연승으로 진행되었다. 청나라는 둔한 곰이었고, 일본은 교활한 여우였다.

안중근은 근심스럽고 침통한 마음으로 일본 세력이 먹구름으로 뒤덮여오는 조국의 하늘을 응시하고 있었다. 조국의 운명은 시시각각 위태로워지고 있는데 무슨 일부터 해야 좋을지 갈피를 잡을 수가 없었다. 다만 한 가지, 장부로서 살아야 한다는 생각

맘은 더욱 확연해지고 있었다.

안중근은 불안한 속에서 두 가지 일로 위안을 삼고자 했다. 첫째 친구와 의(義)를 맺는 일이요, 둘째 사냥을 하는 것이었다.

의협심이 있는 사나이다운 사나이가 어디에 있다는 말을 들으

먼 그곳이 멀고 가까운 것을 가리지 않고 말을 달려 찾아갔다. 그 사람을 만나보고 동지가 될 만하면 마음을 터놓고 술을 마시고, 의형제를 맺었다. 언젠가 큰일을 하기 위한 준비였다.

게다가 사냥을 하면 몸이 건강하게 단련될 뿐만 아니라 사격

솜씨가 늘었는데, 그것들은 이 난세에 장부로 살려면 반드시 갖추어야 할 조건이었다.

하루는 친구들과 노루 사냥을 나섰다. 그런데 어찌 된 일인지 총알이 총구멍에 걸려 꼼짝도 하지 않았다. 어쩔 수 없이 쇠꼬챙이로 마구 쑤셔댔다.

"탕!"

갑자기 총성이 터지고, 안중근은 소스라치게 놀라 허둥거렸다.

한참 만에 정신을 차린 안중근은 오른손에서 피가 쏟아지고 있는 것을 알았다. 쇠꼬챙이로 마구 쑤셔대는 바람에 화약이 폭발해 총알이 오른손을 뚫고 나간 것이었다. 하마터면 얼굴을 뚫고 지나갈 뻔한 일이었다. 세번째 넘긴 죽을 고비였다.

좌절된 교육사업

안중근은 평일에도 성당에 자주 나갔다. 성경 공부 때문만이 아니었다. 신문명이 발달한 서양에 대해 알고 싶었고, 요셉 신부를 통해 새로운 지식도 많이 얻게 되었던 것이다. 또한 서양말도 배우고 싶은 욕구가 숨어 있기도 했다.

"하느님은 이 세상 사람을 누구나 넓게 사랑한다고 하셨는데, 그게 사실입니까?"

어느 날 안중근은 요셉 신부에게 불쑥 물었다.

"그럼요, 사실입니다. 왜, 갑자기 의심이 생겼습니까?"

요셉 신부는 안중근의 마음속에 숨어 있는 하느님에 대한 의심을 캐내야 되겠다는 듯 파란 눈으로 안중근을 빤히 쳐다보았다.

"그럼, 조선 사람도 일본 사람도 똑같이 사랑합니까?"

안중근도 요셉 신부를 맞쳐다보며 다시 물었다.

"물론이오. 모두 하느님의 어린 양들이니까요."

요셉 신부는 신부답게 부드럽고 따스하게 웃음지었다.

"그런데 일본은 지금 우리나라를 집어삼키려고 눈을 부릅뜨고 노리고 있습니다. 머잖아 일본은 우리의 원수가 될 판인데, 그래도 우리와 일본 사람들이 똑같은 양입니까?"

"호!……, 토마스가 그런 생각을 가지고 있었소? 그것 참 중요한 문제를 물었소." 요셉 신부는 고개를 약간 숙이며 잠시 생각하더니, "하느님께서는 일본 사람 중에서 하느님 말씀을 바르게 믿고 행하는 사람들만을 어린 양으로 사랑하십니다. 하느님께서는 이 세상 모든 사람들이 서로 믿고 사랑하면서 평화롭게 살라고 가르치셨지, 남의 나라를 무력을 앞세워 강제로 뺏으라고 가르치지는 않았소."

"예, 그건 알고 있습니다. 그러니까 하느님의 가르침을 어기고 남의 나라를 빼앗으려 하고 불화를 만드는 일본은 나쁜 거지요?"

"그렇소. 하느님의 평화와 화목을 깨뜨리는 모든 행위는 나쁘오."

"그러면 일본을 어찌해야 합니까?"

"하느님께서는 '네 나라를 구하라'고 말씀하셨소."

"그럼, 일본에 맞서 싸워라 그것입니까?"

"나라를 구하는 방법은 여러 가지가 있소. 특히 나라가 어떤 처지에 처해 있느냐에 따라 그 방법이 달라질 것이오. 지금 일본은 조선을 그들의 손아귀에 넣지 못했소. 넣으려고 기회를 보고 있는 것이오. 이런 때 조선 사람들은 어떤 방법으로 싸워야 되겠어요? 일본에게 나라를 빼앗기지 않도록 예방책을 강구해야 되지 않겠어요? 그게 분명 무력을 쓰는 건 아니겠지요. 토마스가 더 생각해서 그 방법을 찾아내봐요."

요셉 신부는 장난을 하듯 눈을 찡긋하며 긴 수염을 조선 양반들이 하는 손짓을 흉내내 쓰다듬었다.

안중근은 요셉 신부와 이런 식의 이야기를 나눌 수 있는 것이 참으로 좋았다. 조선 사람과는 그 누구하고도 나누기 어려운 이야기였다. 그런 이야기를 나누다보면 마음의 의문이 풀릴 뿐만 아니라 식견도 넓어지는 것을 느꼈다.

 요셉 신부도 안중근을 좋아했다. 성경 공부를 열심히 하기 때문만이 아니었다. 안중근이 총을 잘 쏘기로 유명한 탓이었다. 안중근이 나이 열다섯 무렵부터 평생 총을 다룬 포수들보다 총을 더 잘 쏜다는 것만으로 유명해진 것은 아니었다. 안씨 집안은 대대로 글 잘하는 집안으로 근동에 다 알려져 있었는데, 그런 선비 집안에서 어떻게 귀신처럼 총을 잘 쏘는 자손이 나왔는지가 사람들의 관심거리였다.

 "토마스, 하느님께서 가장 사랑하시고 아끼시는 어린 양이 어떤 양인지 아시오?"

 요셉 신부가 넌지시 물었다.

 "그야 간단하지요. 하느님의 가르침을 언제나 바르게 믿고 행하는 어린 양이지요."

 안중근은 자신있게 답했다.

 "아니오. 그것만으로는 모자라고, 또 한 가지가 더 있소."

 "또 한 가지……?"

 안중근은 어리둥절해지며 고개를 갸웃했다.

 "어려울 것 없소. 하느님의 말씀을 널리 전해 믿음의 형제들을 많이 만드는 어린 양이오."

"아, 그렇지요. 알고 있었어요."

아쉽다는 듯 안중근이 손바닥으로 이마를 쳤다.

"나도 토마스가 알고 있는 걸 알았어요. 자아, 나하고 함께 하느님께 가장 사랑받는 일을 하러 가지 않겠소?"

요셉 신부가 웃음 담긴 눈길로 안중근을 끌어당기며 은근하게 말했다.

"신부님하고요? 어디 전도 나가세요?"

"저기 밤골 마을에."

"예, 그러지요."

"총도 가지고 갑시다."

"총이요?"

"아, 한바탕 시범을 보이면 사람들이 얼마나 신기해하고 재미있어하겠소."

"아, 알겠어요."

안중근은 그때서야 왜 자신과 함께 가고 싶어하는지 요셉 신부의 내심을 확실하게 알아차렸다.

안중근은 요셉 신부와 함께 여러 마을을 다니며 총솜씨만 보여 사람들을 감탄시킨 것이 아니었다. 직접 전도 연설도 했다.

"토마스는 재주가 참 여러 가지요. 연설도 그렇게 잘하다니, 신부가 돼도 좋겠소."

청중들의 호응이 좋은 것을 보고 요셉 신부가 흡족해서 한 말이었다.

이렇게 서로 마음이 통하게 되자 안중근은 프랑스 말을 배우고 싶다는 뜻을 내비쳤다. 우선 신문명의 서양을 구체적으로 알고 싶었고, 만약 기회가 된다면 프랑스를 비롯한 유럽 여러 나라들을 가보고 싶은 마음도 있었다.

"좋소, 아주 좋소. 토마스는 머리가 좋으니까 금방 배울 것이오."

요셉 신부는 기다리고 있었다는 듯 반갑게 응낙했다.

"곰곰이 생각해보니 우리가 일본에게 나라를 빼앗기지 않는 길은 첫째 백성들이 신학문을 고루 배워 머리가 깨어야 하고, 둘째 자주독립 정신을 확고부동하게 세워야 하고, 셋째 강한 군대를 길러내야 합니다. 이런 문제들을 해결해나가려면 우선 대학을 세우고, 백성들을 두루 가르칠 선생들을 양성해내야 합니다. 그 대학 세우는 일을 서울의 민주교님께 부탁드리면 어떻겠습니까? 그렇게 되면 천주교 신자들이 엄청나게 불어날 테니까 프랑스에도 좋은 일 아닙니까."

어느 날 안중근이 꺼낸 말이었다.

"글쎄……, 그거 참 좋은 생각이긴 한데……, 그게 간단한 문제가 아니오."

요셉 신부는 고개를 갸웃갸웃했다.

"대학을 세우기만 하면 신자들이 훨씬 더 늘어나는 좋은 방책인데 부탁을 안 들어줄 리 있겠어요, 사정은 제가 할 테니까 신부님께서는 안내만 좀 해주세요."

그래서 서울의 민주교(본명 뮈텔)를 만나게 되었다.

"만일 조선인들이 교육을 받게 되면 천주교를 믿는 것에 좋지 않을 것이니 다시는 그런 소리 꺼내지도 마시오."

뜻밖의 민주교 반응이었다.

안중근은 두 번, 세 번 부탁했다. 그러나 민주교의 거절은 싸늘했다.

안중근은 너무 심하게 면박을 당해 창피스럽고 분한 한편 왜 그렇게 거절했는지 그 이유가 의문이었다. 그는 며칠을 생각했다. 생각한 끝에 결국 답을 찾아냈다. 사람들이 많이 배워 유식하게 되면 자기 나름대로 판단능력이 생겨 무엇이든 따지고 비판하게 되는 것이다. 그래서 종교 전도도 무식한 사람보다 유식한 사람에게 하는 것이 훨씬 어렵게 된다. 민주교는 괜히 힘들여 조선 사람들을 교육시켜가지고 전도하기만 어렵게 만들기를 원하지 않은 것이었다.

자신이 마음이 급해 지나치게 프랑스에 의지하려고 했다는 것을 깨달았다. 결국 자기의 일은 자기들 스스로 해야 한다는 결론에 도달한 안중근은 단호하게 마음을 정했다.

'하느님 말씀은 믿고 따르지만, 외국인은 믿지 않는다!'

그래서 프랑스 말 배우는 것도 그만두고 말았다.

그런데 어느 날 친구가 물었다.

"자네 왜 프랑스 말 배우는 것을 그만두었는가? 나도 자네 따라 좀 배웠으면 했는데."

"그거 가만히 생각해보니 일본 말을 배우면 자기도 모르게 일본의 종놈이 되고, 영어를 배우면 영국의 종놈이 되더란 말이야. 프랑스 종놈이 안 되려고 때려치우고 말았네."

"응, 자네 말이 그럴듯하네."

3. 허수아비의 나라

러일전쟁의 회오리

마침내 러시아와 일본이 전쟁을 일으켰다. 그런데 그 전쟁이 일어난 땅이 러시아도 아니요 일본도 아니었다. 청일전쟁 때 청나라와 일본이 엉뚱하게 한반도 땅에서 싸움판을 벌였듯이 러일전쟁도 그 전쟁터는 조선 땅과 중국 땅이었다. 왜냐하면 두 나라가 똑같이 조선과 중국을 집어삼키려고 으르렁거리다가 전쟁을 일으켰기 때문이었다.

"대한제국이 아주 위태롭게 되었소."

요셉 신부가 긴 한숨을 쉬었다.

"피할 무슨 방도가 없을까요?"

나라의 운명이 막다른 골목으로 몰리고 있다는 것을 알면서도 안중근은 이 말을 하지 않을 수가 없었다.

"이건 참 난감한 일이오. 전쟁이란 벌어지면 반드시 승자와 패자가 가려지는 법. 러시아가 이기면 러시아가 대한제국에 대한 지배권을 행사하려고 할 것이고, 일본이 이기면 일본이 또 대한제국에 대한 지배권을 행사하려고 할 것이오. 이게 대한제국이 처해 있는 피할 수 없는 운명이오."

이런 요셉 신부의 말에 안중근은 아무 할 말이 없었다. 이미 다 알고 있는 사실이었고, 그 외길로 갈 수밖에 다른 방책이라고는 없었다.

일본 놈들이 외교적으로 일본보다 러시아와 가까운 명성황후를 궁중으로 쳐들어가 죽인 것이 10년 전인 1895년이었다. 그때부터 조선 땅을 독차지하다시피 한 일본은 러시아를 향해 사나운 이빨을 드러내고 으르렁거렸다. 그 10년 동안에 조선의 임금과 조정 대신들은 위기에 처한 나라를 구하기 위해 혼신의 힘을 다했어야 하지만, 그 반대로 타락과 부패의 늪에서 허우적거리며 방탕하게 살았을 뿐이다. 나라가 안 망하려야 안 망할 수 없는 노릇이었다.

안중근은 날마다 신문과 잡지를 자세하게 읽었다. 세상 돌아가는 상황을 정확하게 파악하기 위해서였다.

안중근은 벌써 몇 년째 신문 잡지를 꼼꼼하게 읽어오고 있었다. 그리고 각국의 역사 공부도 게을리하지 않았다. 그런 노력을 통해서 세상을 정확하게 보는 눈을 갖게 되었다. 과거와 현재를 올바로 알게 되는 것은 말할 것도 없고, 미래의 일까지도 어느 정도 예측하고 판단할 수가 있었다.

러일전쟁은 일본의 승리로 끝났고, 일본은 전쟁의 승리를 기념이라도 하듯이 조선을 집어삼킬 계획을 착착 진행시켜나갔다.

그 일을 위해 일본의 늙은 정치가가 현해탄을 건너왔다. 바로 이토 히로부미였다. 그는 군대를 앞세워 조선 조정을 위협하며 강압적으로 어전 회의를 열도록 했다.

이토 히로부미는 조선의 외교권을 일본에 넘기는 조약을 빨리 체결하자고 강요했다. 그런데 고종은 임금이면서도 "정부에서 협상 조처하라"고 하며 책임을 회피하고 말았다. 그러자 일곱 명의 각료 중에서 두 명이 반대하고, 다섯 명이 찬성해서 조약이 체결되었다. 그것이 바로 을사조약이었고, 그것을 을사보호조약·제2차한일협약·을사5조약이라고도 한다. 그리고 강압에 의한 치욕스러운 조약이라는 뜻으로 1990년쯤부터 을사늑약이라고도 부르기 시작했다.

그런데 을사조약이 세상에 알려지자 거기에 찬성한 다섯 대신을 세상은 바로 '을사5적'이라고 이름 붙였다. 그들은 학부대신 이완용, 군부대신 이근택, 내부대신 이지용, 외부대신 박제순, 농상공부대신 권중현이었다.

을사조약이 체결된 사실은 1905년 11월 20일자 『황성신문』에 보도되면서 세상에 알려졌다. 일본에게 외교권을 빼앗겨버린 조선은 바로 국가로서의 주권을 빼앗겨버린 것이니 허수아비의 나라, 헛껍데기의 나라였고, 실제로는 망해버린 일본 식민지나 마찬가지 형국이 된 것이었다. 그 조약에 따라 일본은 서울에 통감부라는 것을 설치했고, 초대 통감으로 이토 히로부미가 앉아서 조선 정부의 상감 노릇을 하게 되었던 것이다. 다시 말하면 조선 정부는 모든 일을 통감부에 보고하고, 통감부의 허락을 받아야만 할 수 있었다.

『황성신문』의 사장 장지연은 「시일야방성대곡(是日也放聲大哭: 이 날에 목놓아 통곡하노라)」이라는 사설을 썼다.

오! 슬프도다. 개, 돼지만도 못한 우리 정부의 대신들이 자기 혼자 잘살고 부귀를 누리는 데 눈이 어두워 위협을 이기지 못하고 나라를 팔아먹은 도적이 되었으니, 4천 년 강토와 5백 년의 사직을 다른 나라에 갖다바치고, 2천만 백성을 다른 나라의 노예로 만들었으니 (……) 원통하고 원통하다! 동포여! 동포여!

이 가슴치는 사설로 『황성신문』은 폐간되었다.

그리고 민영환을 비롯하여 자결하는 중신과 지사들이 줄을 이었다.

병을 앓아 몸이 약해져 있는 안진사는 을사조약에 대한 울분으로 병이 다시 심해졌다. 안중근은 무슨 수로 아버지의 상심을 막아야 하는 것인지 안절부절못했다.

"아버님, 이런 때일수록 건강을 지키셔야 합니다. 강건한 몸이 있어야 나라를 되찾을 것 아닙니까."

안중근은 절박하게 말했다.

"그래, 네 말이 옳다. 허나, 난 이제 늙었고, 망국의 조짐에 울분이 너무 크다. 어쨌거나 이제 이 통분함은 너와 너희들 세대가 짊어져야 할 짐이 되었다. 네가 일찍부터 장부로 살겠노라고 해왔던 것이 이렇게 들어맞는 것이 아닌가 하는 생각도 든다. 그래, 이제 우리 조국 앞에 비운의 암흑시대가 닥쳐왔으니 젊은이들은 그 어둠을 뚫고 조국을 구하는 것만이 참답게 사는 유일한

길이다. 넌 내 걱정 하지 말고 강건하게 몸을 지키면서 장부답게 그 길로 가도록 해라."

안진사는 병든 몸이면서도 굳센 의지가 느껴지게 말했다.

"예, 그럴 각오를 하고 있습니다. 그래서 드리는 말씀인데, 빨리 중국에 좀 다녀왔으면 합니다."

안중근이 신중한 태도로 말했다.

"중국에……?"

안진사는 의아스러운 눈길로 아들을 쳐다보았다.

"예, 앞으로 한두 달이 못 가 지금보다 훨씬 심하게 왜놈들 군대가 전국을 뒤덮을 것입니다. 그리 되면 국내에서는 큰일을 도모할 수가 없게 됩니다. 그러니까 중국으로 한발 물러나 왜놈들을 칠 힘을 모아야 될 것 같습니다. 특히 산둥과 상하이 등지에서는 우리 조선 사람들이 많이 살고 있다고 하니 그것이 바탕이 될 수가 있습니다. 그리고, 중국 땅에 머무르면 중국과 쉽게 힘을 합칠 수도 있습니다. 중국에게도 일본은 적이니까요. 공동의 적을 함께 치면 그만큼 힘이 커질 것입니다."

안중근은 그 동안 고심하며 생각했던 것들의 일부를 드러냈다.

"음, 그간에 많은 생각을 한 모양이구나. 네 생각에 일리가 있다. 뱀이든 야수든 일단 입에 문 먹이는 이빨이 빠지는 한이 있

허수아비의 나라 77

어도 놓치는 법이 없다. 섬나라 왜놈들이 섬이 아닌 대륙으로 이어진 땅을 차지했으니 쉽게 놓치려고 하겠느냐. 그래, 조심해서 일단 다녀오너라."

"예. 그리고 한 가지 더 말씀드릴 것이 있습니다. 우리 집안도 아예 중국으로 옮겨가 살면서 앞길을 도모하는 것이 어떨까 합니다."

"중국으로……?"

안진사는 한동안 생각에 잠겨 있다가, "어차피 왜놈들과 맞서는 길로 나선다면 왜놈들 발 아래 짓밟히며 노예로 사느니 그게 나을 수도 있을지 모르겠구나." 그는 무겁고 느리게 고개를 끄덕였다.

"그러면 제가 중국에 다녀오는 몇 달 동안 집안 식구들은 미리 진남포(평안남도)로 옮겨가 있으면 좋겠습니다."

안중근의 생각은 지체함이 없이 이어졌다.

"일을 신속히 진행하자면 그것도 괜찮겠구나."

안진사는 이런 이야기를 해야 하는 괴로움으로 얼굴이 일그러졌다.

술을 끊기로 맹세함

안중근은 먼저 산둥으로 떠났다. 뱃길로 중국과 가까운 진남포에 중국 사람들이 많이 살듯, 산둥에도 조선 사람들이 모둠모둠 모여 살고 있었다. 그런데 그 사람들은 그저 돈벌이하며 평범하게 살아서 그런지, 조국과 거리가 떨어져 있어서 그런지, 일본에게 아직 나라를 다 빼앗긴 게 아니라서 그런지, 을사조약에 대해서 별다른 관심을 보이지 않았다. 어쩌면 그런 모든 것들이 다 합해져서 그렇게 되었는지도 몰랐다.

안중근은 적이 실망하며 상하이로 발길을 돌렸다. 상하이는 산둥보다 거리가 더 멀어서 그런지 조선 사람들이 별로 많지 않았다.

산둥에 비해 서양 건물들이 훨씬 더 많은 상하이에서 동포들을 찾아다니다가 안중근은 민영익 대감이 와 있다는 것을 알았다. 민대감은 공무로 온 것이 아니라 망명을 와 있는 것이었다.

안중근은 민대감을 만나보기로 했다. 일본과 싸우기 위해서 망명한 것이 아니라 을사조약이 체결되자 일본 기세가 무서워 쫓겨온 것이었지만, '망명'이라는 것이 마음을 끌었다. 그가 일본에 대해서 적대감을 가지고 있을 것이니 그것만으로도 마음을 합칠 수 있는 계기가 될 거라 생각했던 것이다.

안중근은 민영익을 찾아갔다. 그러나 문지기가 앞을 막아섰다.

"대감께서는 조선 사람은 만나지 않으시오!"

"뭐요? 이유가 뭐요?"

안중근은 고까움을 누르며 물었다.

"하여튼 만나지 않으시오."

안중근은 더 어쩔 수 없어 그냥 돌아섰다. 어딘가 몸이 편찮거나, 무슨 안 좋은 일이 있을 수도 있다고 생각했던 것이다.

이튿날 찾아갔고, 그 다음날 또 찾아갔지만 여전히 문지기가 앞을 가로막았다.

"조선 사람이 조선 사람을 만나지 않는다면, 그럼 그대는 어느 나라 사람인가. 더구나 그대는 여러 대에 걸쳐서 국가의 봉급을 받아먹은 관리로서 어려움에 처한 조국을 잊어버리고 이국 땅에서 속편하게 태평세월을 보내고 있으니 어찌 이같은 도리가 있을 수 있는가. 오늘날 우리 조국이 왜놈들 앞에 위태롭게 된 것은 바로 그대와 같은 관리들 때문이다. 얼굴이 부끄러워 만나지 않는 것이라면 얼마나 좋겠는가."

이렇게 외치고 돌아선 안중근은 더는 발길을 하지 않았.

그 다음에 찾아간 것이 서상근이란 사람이었다. 그는 돈이 많은 사람이었다.

"지금 우리나라의 형세는 하루가 다르게 위태로워지고 있소. 이대로 보고 있을 수만은 없지 않겠소?"

안중근이 신중하게 말을 꺼냈다.

"나한테 그런 말 하지 마시오. 나는 일개 장사치로서 수십만 원을 어떤 고관에게 뺏기고 그것도 모자라 여기까지 피해와 있는 신세요. 도대체 나라 정치라는 게 제 벌어 제 먹는 한낱 백성들과 무슨 관계가 있는 것이오? 개똥 같은 게 정치요."

서상근은 얼굴이 벌겋게 되도록 언성을 높였다.

"당신은 하나만 알고 둘은 모르는 셈이오. 만약 백성이 없다면 어떻게 나라가 있을 수 있겠소. 나라란 몇몇 대신들의 것이 아니라 전체 백성, 우리 2천만 민족의 나라요. 그러므로 모든 백성들이 백성된 책임과 의무를 다하지 않고서는 안전과 자유를 누릴 수 없는 것이오. 지금이야말로 우리 모두는 다 같이 힘을 합쳐 백성된 책임과 의무로 나라를 구하려고 나서야 할 때요."

안중근은 힘이 넘치는 목소리로 막힘없이 말했다.

"그 말은 천 번, 만 번 옳소. 허나 나는 장사치로서 입에 풀칠만 하면 족하니 정치 얘길랑 하지 마시오. 당신도 괜히 헛기운 빼지 말고 나라는 나라 망쳐먹은 양반 관리놈들 보고 구해내라고 하시오. 알겠소?"

서상근은 입에 비웃음을 물며 빈정거렸다.

안중근은 단념하지 않고 두세 번 더 만나 얘기를 했다. 재력가가 마음을 돌리면 그보다 더 큰 힘이 없었던 것이다. 나라 찾는 일은 큰돈이 없고서는 할 수 없는 일이었다. 군대를 길러야 했고, 무기를 갖추어야 하는 일이었다. 그러나 서상근은 돌부처였다. 그는 오로지 돈에만 정신이 팔려 있는 그야말로 장사치였다.

'아, 사람들 마음이 어찌 이 모양인가. 우리나라 사람들이 다 이 모양이라면 우리나라 앞길은 보나마나 아닌가.'

안중근은 암담한 마음으로 하늘을 바라보며 한숨을 토해냈다.

안중근은 여관 침대에서 밤새 뒤척거렸다. 슬픔과 절망이 가득 찬 가슴을 눈물이 적시고 있었다.

어느 날 아침 안중근은 성당에서 기도를 드리고 나오다가 문득 걸음을 멈추었다. 그 순간 앞을 지나쳐간 서양 사람이 고개를 돌렸다. 두 사람의 눈길이 마주쳤다.

"아니 이게 누구요!"

놀란 서양 사람이 먼저 소리쳤다. 그건 유창한 조선말이었다.

"곽신부님!"

안중근도 반갑게 소리쳤다.

두 사람은 반가움에 넘쳐 손을 마주 잡았다.

곽신부는 프랑스 사람이었다. 그는 여러 해 동안 황해도에 머물렀기 때문에 안중근과는 절친한 사이였다.

그는 홍콩을 거쳐 조선으로 돌아가는 길이라고 했다. 두 사람은 함께 여관으로 갔다.

"자네가 상하이에는 어쩐 일인가?"

곽신부는 궁금증을 먼저 나타냈다.

"신부님은 조선의 비참해진 꼴을 모르십니까?"

"이미 오래 전에 알았지. 신문 보는 사람이면 그 큰 사건을 모를 리 있나."

"예, 아시다시피 우리 조선은 이미 일본의 식민지가 된 것이나 마찬가지입니다. 그래서 먼저 가족들을 이 중국으로 옮긴 다음에, 외국에 있는 동포들과 힘을 합쳐 여러 강대국들을 돌아다니며 우리의 억울한 사정을 설명하여 공감을 얻을 작정입니다. 그런 다음에 전 민족의 힘을 모아 일본을 물리칠 거사를 단행하려고 합니다. 제 생각이 어떤지요?"

곽신부는 한동안 말이 없이 깊은 생각에 잠겨 있다가 입을 열었다.

"나는 종교인이고 전도사라 정치와는 전혀 관계가 없지만, 자네 말을 들으니 가슴이 아프지 않을 수 없네. 내가 한 가지 생각하는 게 있는데, 들어보고 이치에 맞으면 따라서 해보게."

"예, 말씀해주십시오."

안중근은 앉음새를 고쳤다.

"자네 말도 그럴듯하나 다시 생각해볼 필요가 있네. 가족들을 외국으로 옮긴다는 것은 잘못된 계획인 것 같네. 왜냐하면 자네 민족 2천만이 다 자네처럼 생각한다면 나라가 온통 비어버릴 것이고, 그건 곧 원수가 원하는 것이기 때문이네. 우리 프랑스가 독일과 싸울 때 두 지방을 완전히 비우고 피난한 것을 자네도 알지 않나. 그런데 지금까지 40년 동안 그 땅을 회복할 기회가 두어 번이나 있었지만 다시는 되찾지 못하고 말았네. 왜 그런지 알겠지? 우리 프랑스 사람들이 다 떠나고 없었기 때문일세. 그리고, 해외 동포들을 뭉치게 한다는 건 좋지만, 강대국들의 도움을 받으려고 하는 것은 크게 잘못된 것이네. 자네가 강대국들에게 억울함을 호소하면 그들은 모두 조선이 딱하고 가엾다고 하기는 할 것이네. 그러나 그들은 절대로 조선을 위해서 군사를 일으키지는 않을걸세. 왜냐하면 두 가지 이유 때문에 그러네. 첫째, 강대국들이란 자기네 배를 더 채우기 위해서 바쁠 뿐이지 절대로 약소국을 위해서 일하지 않는다네. 약소국들은 언제나 강대국들의 먹이일 뿐이지. 둘째, 강대국들은 서로서로의 이익을 위해 강대국들끼리 한통속을 이루고 있네. 자네가 알고 있는지 모르겠는데, 지금 일본이 제멋대로 횡포를 저지르고 있는 것은 이미 강대국들 사이에 다 양해를 받았기 때문이네. 무슨 말인고 하면, 일본은 이미 영국·미국·러시아로부터 조선을 식민지로 집어먹어도 좋다는 양해를 얻어놓고 그러는 것일세. 그러니 어느 강대국이 조선을 도와주겠는가. 약소국이 강대국들의 도움을 받을 수 있다고 믿는 것처럼 어리석고 한심스러운 일은 없네. 그건 영원히 이루어질 수 없는 환상이고 망상일세. 강대국이 약소국들을 도와주지 않는다는 건 절대 불변의 철칙이네. 지금까지의 세계 역사가 그걸 입증해주고 있고, 그 사실은 앞으로도 절대 변하지 않을 것이네."

곽신부는 설교를 할 때처럼 엄숙하고 단호하게 말했다.

"그럼 어찌해야 좋습니까."

안중근의 목소리는 울음이 담긴 듯 절박했다.

"글쎄……, 딱 한 가지 방법이 있긴 하지."

곽신부는 말을 끊고 아래만 내려다보고 있었다. 그 침묵에 눌려 안중근은 곽신부를 쳐다보고만 있었다.

"지금 군인 민간인 다 합쳐서 조선 땅에 와 있는 일본인들이 대충 얼마쯤 된다고 생각하나?"

곽신부가 안중근을 쳐다보았다.

"예……, 그게, 그러니까……."

안중근은 당황스럽게 허둥거렸다. 자세히 생각해보지 않았고, 대충이라도 셈하기가 어려웠다. 진남포에도 해마다 늘어나고 있으니까 다른 항구인 부산·마산·진해·여수·목포·군산 등지도 마찬가지일 거였다.

"괜찮네. 나도 잘 모르고, 꼭 알 필요도 없네. 대충 5만 정도라고 잡고 얘기하세. 그 5만 명의 절반을 몇 달 동안에 다 죽여 없애면 일본인들은 정신없이 조선에서 도망칠 거네."

"예에……?"

안중근은 곽신부를 멍하니 바라보았다.

"가정이니까 너무 놀랄 것 없네. 그게 무슨 말인고 하면 말이야, 조선 사람들이 일치단결해서 전국 도처, 방방곡곡에서 매일매일 일본 놈 하나를 찔러 죽이고 자기도 죽고, 또 찔러 죽이고, 자기도 죽고, 그런 사건이 전국 각지에서 하루에도 수십 건씩, 그리고 매일매일 벌어진다면 어떻게 되겠나? 그렇게 2만5천 명이 죽어가면 나머지 2만5천 명, 독하다고 소문난 일본군들도 더는 못 견디고 줄행랑을 칠 거네. 그러나 이건 상상일 뿐 현실적으로 실행시키기가 아주 어려운 일이네. 왜냐하면 사람이 하나뿐인 목숨을 내놓고 죽기를 각오한다는 것은 투철한 정신무장이 없이는 안 되는 일인데, 그런 사람을 2만5천 명이나 구한다는 것은 도저히 불가능하니까 말일세. 만약 그 계획을 추진한다고 하면, 자네 주위에서 몇 사람이나 구할 수 있겠나?"

곽신부가 불쑥 물었다.

"저어……."

안중근의 눈앞에 떠오르는 두 얼굴이 있었다. 민영익과 서상근이었다. 그리고, 그 동안 사귀어온 의협심 강한 친구들의 얼굴도 떠올랐다. 그들과 밤새워 술을 마시며 의롭게 살기를 결의했지만, 막상 목숨을 내놓는 일을 하자고 하면 꼭 따를 것인지 알 수가 없었다. 또한 그들이 모두 흔쾌하게 나선다 해도 열이 다 못 되었다. 그런데 2만5천이라니…….

"좋네, 잃은 나라를 되찾는다는 것이 얼마나 어려운가를 말하려는 것이었네. 당장 효과가 나는 그 방법이 불가능하니까 다른 방법을 택할 수밖에 없네. 그게 뭐냐면, 장기 투쟁방법일세. 긴 시간에 걸쳐서 민심을 단합시키고, 그걸 토대로 싸울 힘을 키우는 것이네. 그런데 민심이 하나로 뭉치려면 생각이 깨어나야 하고, 생각이 깨어나려면 대중들을 가르쳐야 하네. 그런데 조선의 가장 큰 문제점은 절대다수의 대중들이 배우지 못해 무식하다는 사실이네. 그게 양반들이 자기네 마음대로 나라를 다스리기 위해서 대중들을 어리석게 만들어놓은 결과인데, 그래가지고는 민심을 단합시킬 수 없고, 민심이 단합되지 않으면 나라는 영원히 되찾을 수 없게 되네. 그러니 어쩌면 좋겠는가?"

"예, 대중을 가르쳐야 합니다. 전국에 학교를 세워 신식 교육을 해야 합니다."

안중근은 확신에 차서 대답했다.

"그렇네. 내가 하고 싶은 얘기는 이제 다 했네."

곽신부는 안중근을 바라보며 인자하고 다정하게 웃었다.

"신부님, 고맙습니다. 가르쳐주신 대로 따르겠습니다."

안중근은 상하이에 더 머무를 필요가 없어서 서둘러 짐을 꾸렸다.

안중근은 12월의 추위 속에서 진남포에 도착했다. 그런데 뜻밖의 소식이 그를 기다리고 있었다. 가족들이 이미 진남포에 이사해 있었는데, 아버지가 안 계셨던 것이다. 안진사는 이사하는 도중에 세상을 떠났던 것이다.

안중근은 그 충격과 슬픔을 이기지 못해 통곡을 하다가 까무러치고, 또 통곡을 하다가 까무러치기를 몇 번이고 했다. 불효 중에 임종을 지키지 못한 불효가 가장 큰 불효였던 것이다.

안중근은 이튿날 청계동으로 가서 상청(죽은 사람의 위패와 혼백을 모시는 치장)을 차리고 장남으로서의 예를 갖추었다.

그리고 장부로서 당당하고 떳떳하게 살 것을 아버지 영전에 다짐하면서, 조국 독립의 날까지 술을 끊기로 맹세를 했다.

나라를 찾아 해외로

　이듬해 안중근의 가족은 진남포로 완전히 옮겼다. 그는 한옥보다 실용적인 양옥을 지어 집안을 안정시켰다. 서양 문물이 들어오면서 양옥 짓기도 늘어나고 있었다.
　그리고 안중근은 곽신부의 가르침을 실천으로 옮겼다. 학교 세우기가 그것이었다. 그는 재산을 정리해서 삼흥학교를 세웠다. 세상의 변화와 함께 새로운 것을 배우고 싶어하는 젊은이들이 줄지어 모여들었다. 안중근은 교무를 맡아 학생들을 잘 가르칠 수 있도록 학교를 운영해나갔다.
　그런데 학생들이 자꾸 모여들어 삼흥학교에서 다 받아들일 수가 없게 되었다. 안중근은 다시 돈의학교를 세웠다. 주변 사람들이 걱정하기도 했지만 안중근은 곽신부가 깨우쳐준 그 길로 달려가기에 바빴다. 젊은이들 중에는 왜 나라를 빼앗길 상태에 처하게 되었는지 확실하게 아는 사람이 드물었다. 그리고 나이 든 일반인들은 거의가 나라가 어떻게 되든 말든 별다른 관심이 없었다. 무식이란 그렇게 무서운 것이었다. 그러니 가르치는 것이 시급하지 않을 수가 없었다.
　다음해 봄에 풍채가 좋고 점잖은 어르신 한 분이 안중근을 찾아왔다. 김진사라는 그분이 말했다.

"나는 자네 부친과 친분이 두터웠던 사람이라 특별히 자넬 찾아온 걸세."

"예, 일부러 찾아주셔서 감사합니다. 저에게 무슨 가르침을 주실 말씀이 있으신지요."

안중근은 아버지의 친구에게 아버지를 대하듯 깍듯하게 예의를 갖추었다.

"음, 다름이 아니라 나라의 정세가 심히 위태로운데 자네는 어찌 앉아서 죽기를 기다리고 있는가?"

안중근은 깜짝 놀랐다. 김진사 어른은 자신이 하고 있는 교육사업이 틀렸다는 것을 지적하고 있었던 것이다.

"예, 다른 무슨 좋은 대책이 있습니까?"

안중근은 공손하게 머리를 조아렸다.

"지금 백두산 너머에 있는 서북간도와 러시아 영토인 블라디보스토크 등지에 조선인 백만여 명이 모여 살고 있네. 그 지역은 땅이 넓을 뿐만 아니라 물자도 풍부한 곳이라 크게 활동을 펼칠 수 있는 곳이네. 신체 건강하고 무술이 뛰어난 자네 재주로 그곳에 가면 반드시 큰일을 이룰 수 있을 거라고 믿네. 교육사업도 중하지만, 그건 다른 사람들에게 맡겨도 되네. 사람이란 제각각 맡아야 될 역할이 따로 있는 법일세."

"예, 어르신의 가르침을 꼭 따르도록 하겠습니다."

안중근은 고개를 깊이 숙였다.

김진사의 지적은 바로 자신의 가슴 한구석에 도사리고 있는 생각이었다. 의병을 일으켜 싸워야 하는 것 아닌가……. 교육사업을 하면서도 이 생각은 마음에서 떠나지 않고 있었다. 을사조약이 체결된 이후로 전국 각지에서 의병들이 일어나 일본군과 싸우고 있었다. 전라도의 최익현, 경상도의 신돌석, 강원도의 유인석, 충청도의 민종식 부대 등이 대표적이었다.

그 무렵 안중근은 앞으로 큰일을 위해 자금을 마련하려고 평양에서 석탄상을 운영했지만 실패하고 말았다. 일본인이 제 돈벌이를 위해 방해하고 나섰고, 관리고 경찰이고 탄광이고 모두가 일본인 편이었다. 일본 세력은 이미 조선에 속속들이 파고들어 있었다. 앞으로 일본 사람들과 경쟁이 되는 그 어떤 사업도 할 수 없다는 것을 실감하면서 안중근은 아까운 돈 수천 원을 손해본 것을 잊으려고 애썼다.

그때 국채보상운동 바람이 전국적으로 일어났다. 황해도에도 그 바람이 불어와 안중근은 누구보다도 먼저 그 운동에 앞장섰다.

국채보상운동은 1907년 2월에 일본에 진 나라의 빚을 갚기 위해 일반 대중들이 일으킨 운동이었다. 일본은 1904년부터 고문정치(일본이 조선을 속국화하기 위해 정부 각 부서에 고문관을 파견하여 조선을 다스린 일)를 실시한 이래 조선의 경제를 파탄에 빠뜨려 하루라도 빨리 자기네 식민지를 만들려고 일본에서 거액의 차관을 들여왔다. 그렇게 들여온 빚돈을 일본은 자기네의 침략을 쉽게 하기 위한 경찰 조직을 확장하는 데 쓰고, 조선에 와 사는 자기네 거류민을 위한 복지시설을 하는 데 사용하는 등, 통감부가 제멋대로 했지만, 조선의 임금이나 대신들은 말 한마디 못 하고 당하고만 있었다.

그 결과 빚이 엄청나게 불어나 정부의 능력으로는 도저히 갚을 길이 없게 되었고, 그것을 빌미로 일본은 더욱 임금과 정부를 농락해대며 식민지화로 몰아갔다. 그 나랏빚을 갚지 않으면 결국 나라를 빼앗기게 된다는 자각이 대중들 사이에 널리 퍼지게 되었다. 그리고 마침내 대구에서 서상돈을 비롯한 16명이 국채보상회를 발기하고 모금에 나섰다. 그러자 모든 신문들이 그 운동에 가세했고, 곧 국민운동으로 불이 붙었다. 그러나 통감부는 그 운동을 보고만 있지 않았다. 온갖 탄압과 방해와 음모를 꾸몄고, 친일파 송병준이 이끄는 일진회의 악랄한 방해공작으로 그

운동은 결국 좌절되고 말았다.

안중근도 국채보상회 활동을 시작했다. 그런데 어느 날 일본 순경 하나가 찾아왔다.

"회원은 몇이고, 돈은 얼마나 걷었소?"

순경이 대뜸 물었다.

"회원은 2천만 명이고, 돈은 1천3백만 원을 모을 작정이오."

안중근은 거침없이 대꾸했다.

"뭐라구? 너희들 같은 하등인간들이 그런 일을 해?"

순경이 코웃음을 치며 침을 뱉었다.

"뭐가 어쩌고 어째? 하등인간? 요런 돼먹지 못한 왜놈 새끼가!"

"뭐, 왜놈?"

일본 순사가 안중근을 치려고 덤벼들었다.

"너 잘 걸렸다. 어서 덤벼라. 때려 죽이고 말겠다."

안중근이 주먹을 부르쥐며 이를 뿌드득 갈았다. 그런 그의 눈에서는 푸른 살기가 뻗치고 있었다.

"안 돼 중근이, 참어. 저런 피라미 패고 감옥살이 할 건가. 자네 할아버지가 자네 이름을 왜 중근이라고 지었는지 알지?"

한 친구가 안중근을 붙들며 소리쳤다.

"당신 저 사람이 누군줄 알아? 당신쯤은 한 주먹에 요절내버리는 완력가야. 살고 싶으면 빨리 피해, 빨리."

다른 친구가 일본 순경에게 겁주며 빨리 피하라는 손짓을 했다.

안중근은 할아버지 얼굴 앞에서 흥분이 잦아드는 것을 느끼고 있었다. '할아버지, 제가 잘못했습니다.' 그는 고개를 떨구었다.

일본 순경은 마구 욕을 해대며 마지못한 척 몸을 돌렸다.

1907년 고종 황제가 강제로 폐위를 당했다. 헤이그 밀사 사건 때문이었다. 고종은 헤이그에서 열리는 만국평화회의에 세 명의 밀사를 파견하여 을사조약이 일본의 강압으로 이루어진 것임을 폭로하고, 강대국들의 도움으로 그것을 파기하려고 했던 것이다. 그러나 일본과 영국은 적극적으로 방해하고 나섰고, 다른 강대국들은 무관심한 척 보고만 있어서 세 명의 밀사 이준·이상설·이위종은 회의장에조차 들어가지 못하고 말았다.

그 사건을 빌미로 이토 히로부미는 굳이 일본에서 건너와 고종을 황제의 자리에서 몰아내고 말았다. 그것이 무능한 임금의 마지막이었다.

'이토 히로부미 이놈!'

안중근은 하늘을 응시하며 부르르 떨었다. '이토 히로부미'라는 이름을 가슴속 깊이 아로새기며.

안중근은 마침내 집을 떠날 결심을 했다. 교육사업보다는 총을 드는 것이 더 급한 일이다 싶었다. 그는 북간도로 향했다.

블라디보스토크의 준비

북간도에 다다른 안중근은 소스라치게 놀랐다. 여기가 정말 중국 땅인지 의아스러울 지경이었다. 그만큼 일본 군대가 큰 도시의 요소요소에 주둔하고 있었던 것이다.

만주 땅은 이미 일본 차지가 된 것 같은 느낌이 들 정도였다. 왜 그렇게 된 것인지 안중근은 이해할 수가 없었다. 알고 보니 그건 일본이 저지르고 있는 불법이었다. 일본은 외교관이나 자기네 거류민들을 보호하기 위한 최소한의 병력을 파견하기로 해놓고 그것을 제멋대로 어기고 있었다. 또 중국은 중국대로 국토가 워낙 넓은데다 만주는 변두리 지역이어서 철저하게 단속하지 못하고 있는 실정이었다.

안중근은 서너 달 동안 여러 지방을 돌아다니며 일본군의 실태를 살펴보았다. 일본군들은 신식 무기를 가졌을 뿐만 아니라 부대와 부대 사이가 신속하게 연결되고 있었다. 거기다가 눈에 보이지 않게 사람들 사이에 끄나풀들도 풀어놓고 있을 게 분명했다. 그렇다면 안전하게 발붙이고 장기간 거점으로 삼을 곳이란 없는 형편이었다.

안중근은 아쉬움을 남긴 채 동포들이 사는 첫번째 땅 북간도를 떠나기로 했다. 이제 러시아 땅으로 갈 수밖에 없었다. 안중근은 엔치야를 거쳐 동포들이 사는 두번째 땅 블라디보스토크에 이르렀다.

블라디보스토크는 북간도와는 전혀 달랐다. 거리는 그다지 멀지 않은데 그곳은 완전히 서양이었다. 붉은 머리에 파란 눈인 사람들의 생김이 달랐고, 층수가 높은 돌건물들의 모양이 달랐다. 그 서양 사람들의 땅에 우리 조선 사람들이 4,5천 명이나 살고 있었다. 그들은 학교도 두어 군데 운영하고 있었고, 청년회도 조직되어 있었다.

안중근은 까다로운 심사를 거쳐 청년회에 가입했다. 그 심사는 일본의 앞잡이인 일진회 회원인지 아닌지를 가려내기 위한 조사였다. 일본에서는 벌써 오래 전부터 일진회의 첩자들을 인삼장수, 약장수 또는 승려로 변장시켜 동포사회에 침투시켜오고 있었던 것이다.

안중근은 입회한 지 얼마 되지 않아 열성과 학식을 인정받아 임시 감찰관에 뽑혔다. 모임의 규칙과 질서를 잘 지키는지 아닌지를 조사하는 임무였다. 학식을 인정받은 것은 무슨 시험을 치른 것이 아니었다. 어떤 행사를 앞두고 붓글씨를 크게 써야 하는데, 좀 그럴듯하게 쓰는 사람이 없었다. 그래서 어쩔 수 없이 안중근은 붓을 잡게 되었다.

"아니 이거 젊은 나이에 명필 아닌가!"

"그러게 말이오. 글씨가 이 정도면 글은 보나마나 엄청나게 읽었을 것 아니오."

"그러게 사람은 겉만 보고 모른다니까."

사람들은 안중근의 글씨 앞에서 모두 기가 죽었다.

"그놈 참, 문장은 안 보더라도 글씨 쓰는 솜씨만 가지고도 한 몫 단단히 하겠다. 잘 갈고 다듬으면 당대 명필 소리 들을 수 있겠어."

안중근이 정신 모아 글씨를 쓸 때마다 할아버지가 흡족하게 웃으며 하시곤 했던 말이었다.

그러나 안중근은 글씨 때문에 덩달아 학식까지 높은 것으로 인정받는 것이 그다지 달갑지 않았다. 그보다 먼저 인정받고 싶은 것이 총 쏘는 솜씨였다. 여기는 젊은이들이 모인 청년회였고, 자신은 왜놈들과 싸우기 위해 이곳에 온 것이었다. 그들에게 백발백중의 총솜씨를 보여 서 그들을 의병으로 규합하고 싶었다. 그러나 안중근은 그 급한 마음을 꾹 눌렀다. 급하게 먹는 밥이 체하는 법이었다. 차근차근 그들과 얼굴을 익히고, 마음을 나누는 시간이 필요했다.

하루는 회의를 하는데 한 사람이 자꾸 잡담을 해댔다. 규칙에 따라 안중근은 그 사람을 제지했다. 그런데 그 사람이 느닷없이 일어났다.

"이새끼, 신참이 까불어!"

그 사람은 안중근의 뺨을 이쪽저쪽 마구 갈겨댔다.

안중근은 눈에서 불이 번쩍거리는 것을 느끼며 몸을 피했다. 그 순간 품에 넣고 있는 권총을 꺼내 쏘아버리고 싶은 충동이 솟구쳤다. 그는 고향에서도 언제나 권총을 품고 다니는 습관을 가지고 있었으니, 타국에 나와서는 더 말할 것이 없었다.

"이 사람 이거 왜 이래! 안동지가 감찰관인 것 몰라?"

"그래, 자네가 잘못했어. 빨리 사과해. 안동지, 이 사람이 잘못한 것 우리가 다 아니까 안동지가 참으시오."

회원들이 사태를 수습하고 나섰다.

그때 안중근은 할아버지가 자신의 이름을 '중근'이라고 지은 뜻을 또 생각했다. 뜨겁게 치솟았던 감정이 거짓말처럼 가라앉고 있었다.

"내 개인 감정으로 하자면 지금 당장 맨주먹으로 하든 총으로 하든 결투를 하고 싶소. 그러나 난 왜놈들과 싸워 나라를 찾기 위해 여기 온 것이니 사사롭게 싸우는 걸 참겠소. 그러나 이 한

가지 사실은 똑똑히 기억해두시오. 규칙은 조직의 생명이고, 규칙을 못 지키면 조직원이 될 자격이 없소!"

안중근은 그 사람을 똑바로 쏘아보았고, 그 남자는 고개를 떨구었다.

그러는 사이 안중근은 귓병이 생겨 한 달 이상 심하게 앓고 나서 회복되었다. 참 어이없는 봉변이었다.

블라디보스토크에는 이범윤이라는 특이한 이력을 지닌 사람이 있었다. 그는 러일전쟁 전에 간도 관리사로 임명되어 간도의 조선인들을 보호하는 동시에 청나라 병사들과 협력하여 그 지역을 다스려나갔다. 그런데 러일전쟁에서 러시아를 도왔다가 러시아가 패하여 후퇴하게 되자 그는 간도로 밀고 들어온 일본의 탄압을 피해 러시아군을 따라나섰다. 그는 그때부터 블라디보스토크에 자리잡고 있었다.

안중근은 군인의 경력을 가진 이범윤을 찾아갔다.

"이미 잘 알고 계시다시피 우리 조국은 곧 망할 위기에 처해 있습니다. 그런데 일찍부터 조국의 은혜 속에서 조국을 지키는 임무를 띠고 살아오신 분이 어찌 이러고 계십니까. 조선의 국민 된 자 그 누구도 위험에 처한 조국의 운명 앞에서 팔짱 끼고 앉아서 구경만 해서는 안 된다고 생각합니다. 어서 앞장서주십시오. 저희 젊은이들이 뒤따라 나서겠습니다."

안중근은 머리를 조아리며 간곡하게 말했다.

"그래, 자네 말이 맞지만 무기를 장만하고 군대를 이끌어갈 자금을 마련할 길이 없으니 무얼 어찌하겠는가?"

이범윤이 한숨을 토해냈다.

"예, 알고 있습니다. 그렇다고 빈 하늘만 쳐다보고 낙담하고 있을 수는 없는 일 아닙니까. 먼저 의거할 결심만 해주신다면 제가 여러 동지들과 나서서 자금을 모으도록 하겠습니다."

안중근은 힘차게 밀어붙였다.

"글쎄, 뜻은 좋네만 워낙 돈 문제라는 게 그게 생각처럼 쉽지가 않아서……."

이범윤은 이렇게 걱정하며 쉽게 마음을 결정하지 않았다.

그곳에는 의협심이 뛰어나고 지혜와 담력이 큰 남자다운 남자가 두 사람 있었다. 그 믿을 만한 두 사람은 엄인섭과 김기룡이었다.

대사를 이룩하려면 그들과 철통같이 결속해야 한다는 것을 안중근은 느꼈다. 그래서 그는 두 사람과 의형제를 맺었다. 엄인섭이 큰형이 되고, 안중근이 둘째가 되고, 김기룡이 셋째가 되었다. 그리고 삼형제는 의병을 일으키기 위해서 동포들이 사는 지역을 두루 돌기 시작했다.

안중근은 동포들을 상대로 온몸의 힘을 다 쏟아 열렬하게 연설을 하고는 했다.

"친애하는 동포 여러분! 여러분들께서는 지금 왜놈들의 총칼 앞에서 위태로운 조국의 소식을 다 듣고 계실 것입니다. 우리의 조국은 지금 거센 바람 앞에서 가물거리는 등불 같은 신세로, 위태롭기 그지없습니다. 언제 왜놈들에게 나라를 다 빼앗겨 왜놈들의 발밑에 짓밟히며 종살이를 하게 될지 알 수 없는 처지입니다. 그런데 여러분, 우리는 같은 동포로서 이 위태위태한 위기를 먼 산의 불구경 하듯 하고만 있어서 되겠습니까. 우리가 지금 러시아 땅에 살고 있다고 하여 조선 땅에서 일어나고 있는 일이 우리와 아무 상관이 없는 것입니까. 여러분, 절대로 그렇지 않습니다. 이 세상에 뿌리 없는 나무가 어디 있으며, 나라 없는 백성이 어디 있을 수 있습니까. 조국은 우리의 뿌리이며, 우리는 러시아 땅에 살아도 어디까지나 조선 사람들입니다. 우리가 러시아 땅에서 당당히 어깨 펴고 러시아 사람들에게 대접받고 살려면 우리의 조국이 아무 탈 없이 강건하게 있어야 합니다. 만약에 왜놈들에게 나라를 완전히 빼앗기게 되면, 우리가 조국이 없는 백성이 되면, 그때는 어떻게 되겠습니까. 그때는 온갖 천대를 다 받게 될 것입니다. 그래도 우리는 하소연할 데가 없게 됩니다. 지금 여러분의 고향, 조선 땅 방방곡곡에서는 나라를 지키려고 의병들이 불길처럼 일어나 용맹스럽게 싸우고 있습니다. 이런 때에 우리도 힘을 합쳐야 같은 조선 사람이 아니겠습니까. 친애하는 동포 여러분, 여러분의 형제와 일가친척을 구하는 일입니다. 다 같이 단결하여 우리도 의병을 일으킬 수 있도록 도와주시기 바랍니다. 무슨 도움이든 다 환영합니다."

역시 동포란 무서운 힘이었다. 사람들은 의병으로 자원하기도 했고, 무기를 내놓기도 했고, 돈을 내놓기도 했다.

4. 최초의 해외 독립군

대한의군 참모중장 안중근

마침내 1907년 러시아 땅에서 '대한의군'이 창설되었다. 총독에 김두성, 대장에 이범윤, 안중근은 참모중장이 되었다. 그것은 한국 최초의 해외 독립군 부대였다. 그 병력은 3백여 명이었다.

안중근은 그들의 사격훈련을 도맡았다. 장교들 중에 총을 제일 잘 쏠 뿐만 아니라 처음부터 제대로 가르쳐야 했기 때문이다.

"여러분, 여러분은 총을 다루기 전에 정신을 똑바로 가다듬어야 합니다. 왜냐하면 총은 장난감이 아니라 사람의 목숨을 좌지우지하는 무서운 무기이기 때문입니다. 총은 정신 똑바로 차리고 바르게 다루면 내 목숨을 지켜주는 동시에 적을 무찌르는 고

마운 무기지만, 건방진 마음으로 함부로 취급하게 되면 내 목숨과 동지들의 목숨을 해치는 흉기로 돌변하게 됩니다. 그리고 총을 쏠 수 있게 되더라도 총알을 금을 아끼듯 소중하게 여겨야 합니다. 왜냐하면 총알은 적 앞에서 내 목숨을 지켜주는 보물일 뿐 아니라 값이 엄청나게 비싸기 때문입니다. 총알 하나는 보리쌀 한 되 반 값입니다. 그 비싼 총알들은 다 어디서 나왔습니까? 러시아 땅에서 고생하며 사는 동포들이 돈을 모아 사준 것입니다. 그러므로 총알 하나, 하나는 우리 동포들의 피고 땀인 것입니다. 그 소중하고 귀한 총알을 헛방을 놓지 않기 위해서 우리는 열심히 훈련하지 않으면 안 됩니다."

안중근의 이런 일깨움에 따라 대원들은 서로 경쟁하듯이 훈련을 열심히 받았다.

기본훈련을 마친 대한의군은 함경도로 진공하기 위해서 두만강 근처로 이동하기로 결정했다. 대한의군은 비밀리에 블라디보스토크를 떠나 크리스키노를 거쳐 핫산에 이르렀다. 두만강이 기나긴 흐름을 마치고 동해로 흘러드는 지점인 핫산 지역은 조선·중국·러시아의 국경이 만나는 지점이었다.

대한의군은 1908년 6월에 함경북도를 향하여 두만강을 건넜다. 안중근은 적을 찾아 조국으로 들어가고 있는 것이 야릇하고 서글펐다.

부대는 낮에는 녹음 짙은 숲에 숨고, 밤에만 걸어 함경북도에 다다랐다. 한반도에서 제일 높은 백두산의 산줄기가 사방으로 뻗어내리고 있는 함경북도는 험한 산악지대를 이루고 있었다.

그런데 그 산악지대의 요소요소에 일본군 수비대들이 배치되어 있었다. 일본은 이미 한반도의 북쪽 끝까지 군대를 배치해서 한반도의 실질적 주인이 되어 있었다.

안중근은 적에 대한 증오로 총을 부르잡았다.

어쩔 수 없는 패배

대한의군은 산기슭을 따라 이동하면서 수비대 초소를 만나면 기습하고는 했다. 골짜기를 따라 띄엄띄엄 배치되어 있는 수비대의 병력은 대개 열 명 정도였다. 그 정도의 적은 기습을 감행해서 섬멸하기가 딱 좋았다. 대한의군은 네댓 차례의 기습을 모두 성공시켜 사기가 드높아져 있었다.

다시 어떤 수비대를 기습 공격해 일본군과 떠돌이 장사치들 대여섯 명을 사로잡았다. 일본 장사치들마저 함경북도 끝까지 아무런 거침없이 활보하는 것을 보고 안중근은 너무 큰 분노를 느꼈다. 장사치들까지 조선 땅을 저희들의 것이라고 생각한다는 증거였기 때문이다.

"너희들은 어느 나라 사람이냐! 너희들 일본은 러일전쟁을 시작할 때 선전포고문에서 '동양 평화를 유지하고, 대한제국의 독립을 굳건히 하기 위해서'라고 해놓고는 러시아에 이기자마자 태도를 돌변시켜 우리 대한제국을 침략하고, 강탈하려 하고 있다. 너희 일본놈들은 능지처참해야 할 우리의 원수고 강도들이다. 무슨 말인지 아느냐?"

안중근은 그들을 엄히 신문했다.

"아닙니다. 그것은 우리들의 본심이 아닙니다. 우리는 아무것도 모르는 아랫사람들이라 위에서 시키는 대로 할 뿐입니다. 우리는 그저 그날그날 무사하게 한평생 살기를 바랄 뿐인데 이역만리까지 끌려와 싸움터에서 죽게 생겼으니 너무나 원통합니다. 우리가 이 신세가 된 것은 분명 이토 히로부미의 잘못 때문입니다. 우리라고 어찌 세상 돌아가는 이치를 모르겠습니까. 모두가 딴 욕심 부리지 않고 자기 나라 지키며 살아야 동양 전체가 평화로울 텐데, 이토 히로부미가 자꾸 욕심을 부리니 우리 일본 백성들도 살기가 너무 고달픕니다. 우리는 그저 농사짓고 장사하다가 끌려와 이렇게 죽게 되었으니 너무 억울합니다."

이렇게 말하며 한 사람이 울기 시작하자 모두 따라 울었다.

안중근은 옳게 생각하고 바르게 말할 줄 아는 그들이 가엾고 불쌍했다. 그래서 물었다.

"너희들은 진정 이토 히로부미가 잘못하고 있다고 생각하느냐."

"예, 강제로 군대에 끌려나온 사람들은 다 그렇게 생각하고 있습니다."

"그래, 그런 마음을 간직한 너희들에게는 아무 죄가 없다. 착한 너희들을 살려줄 터이니 앞으로는 조선 사람들에게 총을 겨누지 않겠다고 약속할 수 있는가?"

"예, 예, 약속하겠습니다."

"진정인가!"

"예, 진정입니다. 총 겨누는 시늉만 하겠습니다."

안중근은 마침내 그들을 풀어주었다.

그런데 그들이 머뭇거리며 말했다.

"저어……, 무기를 안 가지고 돌아가면 처벌을 면하기 어려운데……, 어떻게 하면 좋을지……."

"그래, 무기도 돌려주마. 그 대신 너희 동료들에게도 조선 사람들을 해치지 못하게 일러라. 알겠느냐."

"예에, 그리 하겠습니다."

안중근은 그들에게 총까지 주어 자유의 몸이 되게 해주었다.

그러나 그 사실이 알려지자 다른 장교들이 따지고 들었다.

"아니, 사로잡은 적들을 놓아주다니 그게 말이나 됩니까?"

"오해 마시오. 무작정 풀어준 게 아니니까. 현재 만국 공법에는 사로잡은 적을 무조건 죽이지 못하게 되어 있소. 또한 그들은 진심으로 자기들 잘못을 알고 있어서 적 속에 우리 편을 심을 계획으로 풀어준 것이오."

"그게 말이 안 됩니다. 왜놈들은 우리 의병들을 잡으면 하나도 남김없이 잔인무도하게 죽이고 있소. 그런데 한가하게 무슨 만국 공법이오. 그리고 적 속에 우리 편을 심는다고요? 그놈들이 살아나기 위해서 꿀떡 같은 말을 발라맞춘 것뿐이지, 간사한 것으로 소문난 왜놈들을 어떻게 믿어요. 그놈들이 돌아가 우리를 공격해오는 앞잡이로 변하면 어쩔 거요?"

"모든 걸 나쁘게만 생각하면 끝이 없소. 나는 이른바 약한 것으로 강한 것을 물리치고, 어진 것으로 악한 것을 이긴다는 옛 가르침을 믿고 그렇게 한 것이오. 그러니 여러분도 그 점을 이해하고 더 말을 말아주시오."

안중근은 간곡하게 말했다.

그러나 장교들의 불평과 불만은 쉽게 가라앉지 않았다. 어떤 장교는 자기 부대를 이끌고 멀리 떠나버리기도 했다.

며칠이 지나 일본군의 공격을 받게 되었다. 일본군은 이쪽보다 훨씬 수가 많은 대부대였다. 그 동안 몇 차례 수비대 초소를 기습당하게 되자 대부대가 이쪽을 찾아나선 모양이었다.

일본군은 소총만 쏘는 것이 아니었다. 소나기 쏟아지듯 하는 기관총을 마구 난사해댔다. 대한의군은 험한 산세에 의지해가며 네댓 시간을 잘 싸워냈다. 날이 저물면서 폭우가 쏟아지기 시작했다. 가까운 거리도 알아볼 수 없도록 어두워졌다. 그러나 일본군은 공격을 멈추지 않았다. 비 쏟아지는 어둠 속에서 기관총을 난사해대고, 병사들은 비명을 지르며 죽어가고, 공포 속에서 부대는 이리저리 흩어지고, 상황은 걷잡을 수가 없었다.

밤을 뜬눈으로 새운 안중근은 먼동이 터오자 부대를 점검했다. 60여 명이 남아 있을 뿐이었다. 다른 대원들은 어디로 흩어졌는지 알 수가 없었다.

안중근은 또 닥쳐올지 모를 일본군의 공격을 피해 부대를 이끌었다. 세끼를 굶은 대원들은 배가 고파 허덕거렸다. 장맛비는 줄기차게 쏟아지고, 계곡 물로 배를 채우며 하루종일 마을을 찾아

다녔다. 그러나 산골이 깊어 마을을 찾기가 어려웠고, 그렇다고 무작정 아래로 내려갔다가는 일본군에게 노출되기 십상이었다.

꼬박 이틀을 굶었다. 대원들은 먹을 것을 찾아 정신없이 허둥거렸다. 그들은 명령이나 규율을 따르지 않았고, 몇몇 친한 사람끼리 부대를 이탈하기도 했다. 40여 명으로 줄어든 대원들을 이끌고 안중근은 가까스로 마을 하나를 찾아냈다.

"나라 위해 애쓰십니다만 어서 여기를 떠나주시오. 의병한테 밥해준 줄 알면 왜놈들이 우리를 몰살시킬 테니까요."

그들은 보리밥을 한 주먹씩 얻어가지고 그 마을을 급히 떠나야 했다. 걸어가면서 그 보리밥을 넘겨야 했다.

안중근은 부대를 잃고 산속을 헤매는 대원들을 찾아 모으다가 어느 골짜기에서 복병의 공격을 당했다. 기관총의 난사를 피해 대원들은 산산이 흩어졌다.

안중근도 간신히 위기를 넘기고 보니 외톨이가 되어 있었다. 안중근은 허탈하게 하늘을 올려다보았다.

'아, 이제 어찌해야 하는가…….'

그때 병가상사라는 말이 떠올랐다. '그래, 전쟁에서 이기고 지는 것은 으레 있는 일 아닌가.' 이 생각으로 안중근은 마음을 다잡았다. 이제 어쩔 수 없이 패했으니 출발했던 곳으로 다시 돌아

가 새 준비를 하는 것이 옳은 일이었다.

안중근은 권총을 빼들고 다시 걷기 시작했다. 얼마를 가다가 대원 두 사람을 만났다. 한참을 더 가다가 서너 사람을 또 만났다. 낮에는 위험해 밤에만 걷기로 했다.

매일 굶으며, 장맛비를 맞으며 마을을 찾아 헤맸다. 그러는 동안에 일행이 셋으로 줄었다. 밤중에 서로 흩어진 것이다. 밥을 굶은 지 엿새째에 외딴집 한 채를 발견했다.

"나라 위해 정말 고생들이 너무 많소. 일본군들이 시시때때로 뒤지고 다니니 어서 강을 건너가서 훗날을 도모하시오."

노인이 후하게 밥상을 차려내며 두만강으로 가는 지름길을 가르쳐주었다.

안중근 일행은 며칠이 지나 두만강을 무사히 건넜고, 동포의 마을에서 비로소 편한 잠자리를 얻게 되었다.

손가락을 끊은 맹세

안중근은 출발 후 한 달 반 만에 러시아의 엔치야에 이르렀다. 그런데 친구들이 그를 알아보지 못했다. 너무 오래 굶고 고생을 많이 해서 뼈만 남다시피 말라 본모습을 찾을 수 없었던 것이다.

그는 엔치야에서 열흘쯤 쉬며 요양한 후 다시 블라디보스토크에 도착했다. 동포들은 곧 환영회를 준비했다.

"아닙니다. 패장이 무슨 면목으로 환영을 받는단 말입니까."

안중근은 진심으로 사양했다.

"이기고 지는 것은 병가상사인데 뭐가 부끄럽습니까. 또한 위험한 적지에서 이렇게 무사히 살아 돌아왔으니 당연히 환영해야지요."

안중근은 어쩔 수 없이 환영회에 나가야 했다. 역시 동포들의 정은 따뜻했다.

안중근은 동포 아이들의 교육에 힘쓰는 한편 새로운 독립운동 조직을 짜나갔다.

1909년 정월 안중근은 열한 명의 동지와 자리를 함께했다.

"지금까지 의병들이 도처에서 싸우고 있지만 우리 조국의 운명은 점점 더 위태로워지고 있소. 그건 일본군들의 숫자가 많을 뿐만 아니라 그들의 신무기가 월등하기 때문이오. 그러니 우리는 싸움의 방법을 바꾸지 않을 수 없소. 그 방법이란 의병처럼 단체로 움직이지 말고 우리 하나 하나가 폭탄이 되어 개별적으로 적을 향해 날아가는 것이오. 물론 날아간 폭탄이 터지듯이 우리도 죽는 것이오. 어차피 조국을 위해 몸바쳐 싸우기로 결의한 우리들이니 오늘 이 자리에서 하나의 폭탄으로 터져 죽겠다는 결의를 새롭게 하고, 일을 힘차게 추진하기 위해서 단체도 결성 했으면 하오. 여러분의 생각은 어떻소?"

안중근은 동지들을 둘러보며 물었다.

"그거 좋소."

"그렇게 합시다."

모두 힘차게 찬동했다.

"예, 폭탄이 되어 터져 죽어야 하니 그 결의도 강해야 할 것이오. 그래서 생각한 것이 우리 모두 왼손 약지(네번째 손가락)를 끊어 그 피로 태극기에 '대한 독립'이라고 쓰는 것이오. 어떻게 생각하시오?"

안중근의 목소리는 결연했고, 동지들을 휘둘러보는 눈에서는 서늘한 빛이 뻗치고 있었다.

문득 모두가 놀라는 기색이었다. 그러나 다음 순간 누군가가 말했다.

"좋습니다. 그렇게 합시다."

"예, 결의가 강한 게 좋아요."

모두 결연한 표정으로 한마음이 되었다.

제일 먼저 안중근이 왼손 네번째 손가락 첫 마디를 끊었다. 신음소리 하나 흘러나오지 않았고, 손가락에서는 새빨간 피가 뚝뚝뚝 떨어졌다. 그 피가 커다란 태극기 오른쪽 위에 大(대)자를 그려냈다.

다음 사람이 또 거침없이 손가락을 잘랐다. 그는 태극기의 왼쪽 위에 韓(한)자의 한 부분만을 그려냈다. 다음 사람이 또 손가락을 잘라 韓자를 절반쯤 완성시켰다. 그들 열두 사람은 연달아 손가락을 잘라 마침내 大韓獨立(대한독립)이라는 네 글자를 완성시켰다.

"우리 다 같이 만세 삼창을 부릅시다."

안중근이 태극기를 들었다.

나머지 열한 사람은 경건한 얼굴로 자리를 고쳐 앉았다.

"대한 독립 만세!"

안중근이 힘차게 선창했다.

"대한 독립 만세에!"

모두 우렁차게 복창했다.

만세 삼창을 마치고 그들은 헤어졌다. 그들은 그 맹세를 단지동맹(손가락을 끊은 맹세의 모임)이라고 이름지었다.

안중근은 계속 어린이들의 교육에 힘쓰는 한편 매일 신문을 열심히 읽었다. 나라 안팎의 소식을 그때그때 알아 큰 투쟁의 기회를 찾기 위해서였다.

그런데 어느 날 안중근의 눈이 번쩍 띄었다. 이토 히로부미가 머잖아 블라디보스토크에 올 거라는 신문 기사였다. '아, 이런 행운이 어디 있는가!' 안중근은 하늘에 감사하며 엔치야를 떠나 블라디보스토크로 향했다.

확실한 정보

블라디보스토크에 도착한 안중근은 신문부터 사보았다. 과연 가까운 시일에 이토 히로부미가 하얼빈에 오도록 되어 있었다. 그런데 블라디보스토크에는 언제 오는 것인지 확실하지가 않았다.

'어떻게 한다?'

안중근은 멈칫했지만 그의 빠른 머리는 곧 답을 찾아냈다.

'하얼빈으로 가야 한다!'

안중근은 하얼빈 행을 결정했다.

'이토 히로부미, 내가 너를 얼마나 저주했던가. 우리 민족의 적, 우리 조국의 원수! 일찍부터 너를 죽이려고 작정했었다. 네놈이 아니었으면 우리나라가 이 꼴이 되었을 리 없다. 음흉하고, 간악하고, 잔인무도한 놈. 한 나라의 왕비를 죽여 그 시체까지 불태우게 하고, 그것도 모자라 임금을 강제로 끌어내려 폐위시키고, 이제 그 나라까지 송두리째 집어삼키려고 흉계를 꾸미고 있는 놈. 네놈이 이 멀리까지 왜 오는 것이냐. 조선을 집어삼킬 흉계를 달성하려는 것 아니냐. 이놈아, 그건 안 된다. 내 기필코 너를 죽여 네놈이 그 단꿈을 맛보지 못하게 하겠다. 네놈이 천황 다음으로 권세가 크다고 하는데, 내 총은 반드시 너를 죽이고 말 것이다. 이번에 내가 만약 너를 못 죽인다면 나는 더이상 이 세상에 살아 있지 않을 것이다. 무슨 면목으로 목으로 밥을 넘기며, 코로 숨을 쉴 수 있겠느냐. 내 일찍이 장부로 살기로 작정했

던 바이니 너를 죽여 그 길을 완성코자 한다. 이토 히로부미, 어서 오너라.'

안중근은 하늘을 우러르고 기도하듯 마음을 가다듬었다.

그러나 마음과는 달리 바로 하얼빈으로 갈 수가 없었다. 활동 비용이 없었기 때문이다. 적잖은 돈이 필요할 텐데 쉽게 구할만 한 데가 없었다. 이리저리 궁리한 끝에 한 사람이 떠올랐다. 황해도 의병장 이석산이었다. 양반으로 많은 재산을 가졌던 그는 황해도에서 의병을 일으켰다가 이곳까지 쫓겨와 있었다.

안중근이 이석산의 집에 도착하니 그는 마침 외출하려던 참이었다.

"어르신, 급히 여쭐 말씀이 있어서 찾아왔습니다. 방으로 좀 드시지요."

안중근은 이석산의 앞을 가로막듯 하며 다급하게 말했다.

"어쩐 일인가, 갑자기."

이석산은 달가워하지 않는 기색이었다.

"예, 어르신도 좋아하실 일이 있습니다."

"내가 좋아할 일?"

"예, 방에서 조용히 말씀드려야 할 일입니다."

"무슨 일인데 그러나? 어디 잠깐 들어가세……."

이석산은 미심쩍은 표정으로 방으로 들어갔다.

"어르신, 돈 백 원만 꾸어주십시오. 나라를 위한 거사에 쓸 것입니다."

안중근은 자리에 앉자마자 한달음에 말했다.

"백 원? 그게 무슨 일인데?"

이석산은 금방 싫은 기색을 드러냈다.

"어르신, 절대 비밀을 지켜야 하는 일이니까 묻지 마시고 돈을 좀 주십시오."

안중근은 머리를 조아렸다.

"이 사람아, 백 원이 얼마나 큰 돈인지 몰라? 쌀 한 가마에 5원 잡고, 쌀이 스무 가마나 되는 거액을 내놓으라면서 무슨 일인지 말도 안 하는 게 말이나 되는가?"

이석산은 역정을 냈다.

"예 어르신, 이건 입 밖에 내서는 안 되는 나라를 위한 거사입니다. 저를 믿고 돈을 내주십시오."

안중근은 간절하게 말했다.

"나는 그런 큰돈도 없거니와, 무슨 일에 쓸 것인지 말을 안 하니 줄 수가 없네."

이석산은 싸늘하게 고개를 저었다.

"어르신, 일이 이루어지는 걸 보시면 크게 만족하실 겁니다. 저를 믿어주십시오."

"일 없네. 얘기 다 끝났으니 일어나게."

이석산은 더욱 냉정하게 내치며 몸을 일으키려 했다.

그때 안중근이 품에서 권총을 꺼냈다.

"제 성질 소문으로 들어서 잘 아시지요. 전 하려고 마음먹은 일은 꼭 하고야 맙니다. 총을 꺼냈으니 목적을 이루지 못하면 쏘아버립니다. 돈을 내놓겠습니까, 목숨을 내놓겠습니까. 어서 둘 중에 하나를 골라잡으십시오."

이석산의 이마를 향해 총을 겨누고 있는 안중근은 완전히 딴사람으로 변해 있었다. 눈에서는 살기가 뻗치고 있었고, 입에서 나오는 한마디 한마디는 뿌득뿌득 가는 이 사이에서 으깨져 나오는 것처럼 섬뜩했다. 그 무서운 기세는 상대방이 한마디만 잘못하면 그대로 방아쇠를 당겨버릴 것만 같았다.

"아, 아 알았네. 총을 치우게, 돈을 줄 테니 어서 총을 치워."

이석산은 부들부들 떨었다.

"어서 돈부터 내놓으십시오."

안중근은 총을 더 이석산의 이마 가까이 들이댔다.

"알겠네, 알겠네. 기다리게."

이석산은 벽장문을 열고 한참을 부시럭거리더니 돈을 꺼내왔다.

　"고맙습니다. 분명 나라 위한 큰일을 해내는 것으로 이 은혜를 갚겠습니다. 그때 어르신께서도 이 돈을 잘 내준 것이라고 만족하실 겁니다. 조금만 기다려주십시오."

　안중근은 예의를 갖추고 돌아섰다.

　"부디 성공하시게."

　이석산이 나직하게 말했다.

5. 마침내 이룩하다

하얼빈을 향하여

　활동자금을 마련하였으니 일은 반이나 성취된 것이나 다름없었다. 안중근은 온몸이 활력으로 넘쳤다. 이제 남은 건 단 하나, 이토 히로부미의 심장을 향해 방아쇠를 당기는 것이었다. 이토 히로부미를 만나기만 하면 단 한 방으로 심장을 명중시킬 자신이 있었다. 그 자신감은 어느 때 없이 강하게 넘치고 있었다. 총을 쏠 때 자신감이 가슴 가득 뻗치지 않으면 이상하게도 명중이 되지 않았다. 방아쇠를 당기는 그 순간에 명중인지 아닌지 감지되는 것이었다.

　안중근은 이토 히로부미가 언제 어느 때 하얼빈에 도착하는지

자세하게 알기 위해서 동포 신문사 『대동공보』로 갔다.

"아직도 확실한 소식이 없는가?"

안중근은 편집주임을 맡고 있는 이강에게 물었다.

"응, 잘 왔네. 러시아 신문에 자세히 나왔네. 읽을 테니 들어 보게."

이강이 『하얼빈 웨스터닉』을 집어들며 씩 웃었다. 안중근은 러시아어를 모르니까 이강이 번역을 해서 읽어주려는 참이었다.

"러시아 제국의 코코후초프 재무대신과 베이징 주재 코로소 토웨초 공사가 북만주를 시찰하기 위하여 하얼빈 철도청을 방문한다. 그 시기와 때를 맞추어 4개월 전까지 한국 통감이었던 이토 히로부미가 하얼빈에 온다고 한다. 도쿄 발 외전에 의하면, 이토는 10월 16일에 일본의 모조 항을 출발하였다고 한다. 여기까지네."

"음, 역시 오는군. 근데 하얼빈 도착이 안 나왔잖나?"

"그야 당연하지. 그 사람 일정에 따라 다시 또 보도하게 되는 거지."

"대강 언제쯤 될까?"

"글쎄, 남만주의 중요한 곳들을 거쳐 북상하면 25일쯤이면 하얼빈에 도착하지 않을까?"

마침내 이룩하다 129

"그 정도 알았으면 됐네."

그때 한 사람이 신문사로 들어섰다.

"아, 우동지, 마침 잘 왔어. 그렇잖아도 연락하려던 참이었네."

이강이 손님을 반갑게 맞이했다.

"아, 안동지가 와 있었구먼. 엔치야에선 언제 왔나?"

손님이 안중근에게 알은체를 했다.

"응, 며칠 됐네. 자네 하는 일은 잘 되고 있나?"

안중근은 반갑게 악수를 청했다. 안중근은 대한의군 동지 우덕순의 손을 으스러져라 꼭 잡았다. 그와 함께 그때 함경북도로 출전했었고, 사지에서 따로따로 살아 돌아온 목숨이었다. 그들의 동지애는 말로 할 것 없이 뜨겁고 끈끈했다.

"응, 살맛 잃지 않게 꾸준히 돼가고 있어. 우리 동포들도 자꾸 늘어나고 있으니까."

선한 생김의 우덕순이 안중근을 바라보며 다정하게 웃었.

우덕순은 의병 전쟁에서 살아돌아와 담배 행상을 하고 있었다. 그러나 그건 생계 유지를 위한 것뿐이었고, 정작 그가 중요하게 생각하는 것은『대동공보』를 우편 구독하게 하는 판촉과, 조선 각 지방 민요를 채집하는 것이었다. 그는 블라디보스토크에서부터 하바로프스크에 이르는 드넓은 연해주 일대의 각 지방에 퍼져 살고 있는 우리 동포들을 찾아다니며 담배 행상을 하는 동시에 신문 판촉도 하고, 동포들의 고향 민요도 모으는 세 가지 일을 하고 있었다. 그는 동포들에게 신문을 읽게 하는 것이 그들의 독립정신을 고취시키는 계몽운동이고, 나라가 위기에 몰려 동포들이 사방으로 흩어지면서 우리 고유의 것들이 급속도로 사라져가고 있는 형편에 각 지방 특유의 민요들을 모아 후세에 전하는 것은 더없이 중요한 애국운동이라고 굳게 믿고 있었다.

"어디 가서 조용히 얘기하세."

안중근은 우덕순에게 눈짓했다.

우덕순은 무슨 비밀 얘기라는 것을 눈치채고 말없이 따라나섰다.

안중근은 인적이 없는 해변가로 나섰다. 바닷가에는 파도 소리만 가득했다. 안중근은 모래톱을 걸으며 이토 히로부미에 대한 계획을 짤막하게 설명했다.

"어떤가, 난 자네와 함께 그 거사를 하고 싶은데."

안중근이 걸음을 멈추며 우덕순을 쳐다보았다.

"두말할 것 뭐 있나. 당연히 해야지."

우덕순이 곧바로 응답했다.

"고맙네."

"고맙기는. 날 선택해줘서 내가 오히려 고맙지."

두 사람은 굳세게 손을 맞잡았다.

10월 21일 안중근은 우덕순과 함께 블라디보스토크에서 기차를 탔다. 안중근은 7연발 권총을, 우덕순은 6연발 권총을 가지고 있었다.

안중근은 스이펜호에서 기차를 내렸다. 자기들은 러시아 말을 모르니까 러시아 말을 잘하는 동포가 필요했던 것이다. 갑자기 무슨 일이 생길지 모르니까 미리 통역을 준비해두는 것이 좋을 성싶었다.

안중근은 한의사 유경면을 찾아갔다. 그와는 전부터 잘 아는 사이였다. 조선 사람이 러시아 땅에서 한약방을 하는 건 아주 드문 일이었다. 거의가 농사를 지었고, 도시에 사는 사람들은 담배 장사나 세탁소를 했고, 날품팔이도 많았다.

"내가 지금 가족들을 마중나가는 길인데, 러시아 말 잘하는 사람 좀 빨리 구할 수 없을까요? 내가 러시아 말을 할 줄 알아야 말이지요."

안중근이 능청스럽게 말했다.

"그래? 자네 가족들이 와? 그럼 자네도 이젠 안정되게 산다는 건가? 응, 그거 잘됐네, 잘됐어. 러시아 말 잘하는 사람은 걱정 말게. 우리 아들 동하를 데리고 가면 되니까. 마침 약을 사러 하얼빈에 보낼 참이었거든."

"아 예, 아주 잘됐군요."

안중근은 반색을 했다.

10월 23일 하얼빈에 도착한 안중근은 유동하의 안내로 김성백의 집에서 묵었다. 안중근은 신문을 구해 보기에 바빴다. 이토 히로부미는 하얼빈에 10월 26일 아침에 도착할 예정이었다.

그런데 유동하가 다음날 자기 일을 다 보고는 빨리 집으로 돌아가야 한다고 서둘러댔다. 안중근은 어쩔 수 없이 다른 통역을 빨리 구하라고 일렀다. 집주인 김성백이 나서서 구해온 사람은 조도선이라는 사람이었다.

안중근은 하얼빈 시내를 구경하자고 하며 그들과 함께 역으로 나갔다. 안중근은 조도선에게 남청열차가 서로 갈라지고 합해지는 역이 어디인지 알아보라고 했다.

"지야이지스고라고 합니다."

조도선이 돌아와 말했다.

이중 작전계획

"여보게, 이토 히로부미를 영접하는 하얼빈 역은 경비가 삼엄하겠지만, 영접이 없는 지야이지스고 역은 경비가 허술하지 않겠는가?"

우덕순과 단둘이 됐을 때 안중근이 조심스럽게 말했다.

"그야 그렇겠지."

우덕순이 당연하지 않느냐는 듯 고개를 끄덕였다.

"그럼 양쪽으로 나눠야겠네."

안중근이 급히 말했다.

"양쪽?"

우덕순이 의아해했다.

"응, 만에 하나 실패하지 않기 위해서지. 하얼빈 역만 지켰다가는 경비가 삼엄해 실패할 수가 있어. 그러니까 경비가 허술한 지야이지스고 역도 지키는 거야."

"이중 작전을 펴자 그건가?"

"그렇지."

"그거 좋은 생각일세. 그리 하세."

안중근은 유동하를 불러 집주인 김성백에게 50원만 빌려달라 하라고 일렀다. 지야이지스고까지 오가고 하자면 아무래도 돈이 부족할 것 같았던 것이다.

"어디 나가고 집에 없는데요."

유동하가 이내 돌아와 말했다.

"어디 갔는지 알아보고, 빨리 찾아가게."

"나 그만 집에 돌아가야 되겠는데요."

열일곱 살 유동하가 뽀루퉁하게 말했다.

"이 사람아, 집에 가겠다는 말 그만 해. 난 자네 아버지하고 절친한 친군데, 내 일 다 안 봐주고 그냥 돌아갔다가는 크게 혼쭐날 거야. 내 일을 돕느라고 늦었다고 하면 칭찬받을 거고. 알겠나!"

안중근의 서슬에 기가 꺾인 유동하는 뒷걸음질을 쳤다.

"동흥학교까지 가서 만났는데, 빌려줄 돈이 없다는데요."

한참 후에 돌아온 유동하의 말이었다.

집주인 김성백은 낮에는 동포 아이들을 가르치고, 밤에는 어른들에게 러시아어를 가르치고 있었다.

안중근은 돈을 아껴 쓸 수밖에 없다고 생각했다. 돈을 빌리기 위해 거사를 입에 올릴 수도 없는 노릇이었다.

안중근은 다시 하얼빈 역으로 나가, 상하행선이 모두 정차하는 역이 어디인지 알아보게 했다.

"지야이지스고 역에서 상하행선 모두 30분 정도씩 정차한답니다."

조도선이 돌아와서 말했다.

"됐소, 그곳으로 갑시다."

안중근은 마침내 결정을 내렸다.

조도선이 기차표를 사러 가자 안중근은 유동하를 은밀하게 따로 불렀다.

"우리는 지야이지스고 역으로 가족들 마중을 나가니까 자네는 여기 있다가 내가 전보를 치면 그 회답을 해야 돼. 그 회답이 뭔고 하면, 이번에 하얼빈에 일본 고관이 오는데 그 일행 중에 내가 꼭 만나야 하는 친한 친구가 있어. 그런데 문제는 그 일행이 언제 하얼빈에 도착하는지 아직 확실히 모르고 있어. 그러니까 내가 전보를 치면 자네는 러시아어 신문을 확인해서 나한테 곧바로 전보를 치란 말야."

"예, 알았어요."

"다른 사람한테 묻지 말고 자네가 직접 러시아 신문에서 도착 시간을 확인해야 돼."

"알았다니까요."

"됐어. 이번 일 잘하면 내가 듬뿍 사례를 하지. 이거 전보 요금."

안중근은 1원짜리 지폐 네 장을 유동하에게 건넸다.

안중근은 이토 히로부미가 창춘을 25일 오후 한 시에 출발한다는 신문 보도를 전적으로 믿기가 어려웠다. 테러를 예방하기 위해 신문에는 그렇게 보도해놓고 이토 히로부미는 블라디보스토크 항에 상륙하여 포구리니치누이를 경유해 하얼빈으로 올 수도 있었던 것이다.

안중근은 지야이지스고 역에 도착하여 24일 오후 한 시를 지나 김성백의 집으로 유동하에게 전보를 쳤다.

'지야이지스고 역에서 기다린다.'

이쪽 주소는 구내 매점이었다.

그런데 유동하로부터 온 회답 전보가 이상했다.

'내일 블라디보스토크에서 온다.'

안중근은 혼란을 느꼈다. 자신의 예측대로 테러를 피해 블라디보스토크에서 온다? 그럼 왜 도착 날짜와 시간이 표시되지 않았는가? 유동하가 제대로 일을 한 것인가? 다시 전보를 쳐봐야 하나?

안중근은 구내 매점에서 뜬눈으로 25일 아침을 맞이했다.

"안 되겠네. 또 전보를 주고받을 시간이 없어. 전보를 주고받는 데는 하루가 걸리고, 내가 하얼빈으로 가는 데는 세 시간밖에 안 걸리니까 내가 빨리 가야지. 자네가 여길 지키고, 내가 하얼빈 역을 지키고 있으면 그놈이 창춘에서 오나 블라디보스토크에서 오나 안 걸릴 수가 없지. 그리고 처음 보도대로 창춘에서 온다면 1차는 자네한테 걸리고, 자네가 형편이 여의치 못해 그냥 보내면 2차는 내 손에 걸리게 되네. 이토 그놈은 이번에 꼭 황천길이야."

안중근은 밤새도록 생각했던 것을 우덕순에게 털어놓았다.

"자네 생각이 옳아. 어서 떠나게."

우덕순이 고개를 끄덕이며 손짓했다.

"이거 받게, 총알이네. 보면 알겠지만 총알에 십자가를 새겨두었어. 이게 담담탄이라는 건데, 몸에 맞으면 체내에서 흩어지기 때문에 치명상을 입힐 수가 있지. 자네 총솜씨를 믿으니까 잘 쏘도록 하게."

안중근은 안주머니에서 천으로 싼 것을 꺼내 우덕순의 손에 쥐여주었다.

"자네 솜씨에 비하면 어림없지 뭐."

우덕순이 엷게 웃으며 총알을 주머니에 넣었다.

이토 히로부미를 명중시키다

1909년 10월 26일의 먼동이 터오고 있었다. 안중근은 김성백의 집에서 아침 일찍 일어났다. 수수한 양복으로 갈아입고 권총을 확인했다. 그리고 하얼빈 역으로 나갔다. 아침 일곱 시쯤이었다.

역에 도착해보니 벌써 군인들이 겹겹으로 진을 치고 있었고, 군악대들도 빤빠라 빤빠라 환영음악을 연습하고 있었다. 이토 히로부미가 얼마나 거물인지를 입증하고 있었다.

안중근은 찻집에 앉아서 그런 광경들을 내다보고 있었다.

"장부로 살겠다고? 그놈 참, 그 길이 얼마나 어려운지 아느냐? 그래, 사내로 태어나서 그리 마음먹었으면 그것도 한길이다. 하려면 제대로 해봐라."

할아버지의 음성이 역력하게 울려오고 있었다.

'할아버지, 오늘이 제대로 하는 날이 되게 해주십시오.'

안중근은 기도하듯 할아버지를 불렀다.

차를 서너 잔 마셨다. 시간이 갈수록 사람들은 엄청나게 불어나고 있었다.

특별열차는 아홉 시쯤에 도착했다. 안중근은 서두르지 않고 찻집 안에서 기차를 지켜보며 언제 저격해야 좋을지를 생각하고 있었다. 이토 히로부미가 블라디보스토크에서 왔든, 창춘에서 왔든 이제 자신이 맡아야 할 것이 분명해졌다.

이윽고 각 부대들의 구령이 터져오르고, 군악대의 연주가 울려 퍼지기 시작했다. 이토 히로부미가 열차에서 내린다는 신호였다.

안중근은 이를 꾹 맞물며 의자에서 일어섰다. 그리고 군악대 쪽으로 침착하게 걸어갔다. 사람들에게 부딪치지 않도록 신경을 썼다. 말쑥한 양복차림이어서 그런지 러시아 경비병들도 전혀 검문하려는 기색이 없었다. 안중근은 사람들에게 미안하다는 눈짓을 해가며 군악대 뒤에까지 이르렀다.

저 앞쪽 러시아 관리들이 호위하고 오는 맨 앞에 흰 수염의 몸집 작은 동양 늙은이가 당당한 기세로 걸어오고 있었다. 이토 히로부미가 분명했다. 얼굴을 모르지만 의심할 것이 없었다.

안중근은 권총을 뽑아들고 오른쪽을 향해 방아쇠를 당겼다.

"탕, 탕, 탕, 탕!"

방아쇠를 네 번 당기는 순간순간 안중근은 그 총알들이 노인에게 명중되는 것을 느끼고 있었다.

그러나 순간적으로 의심이 생겼다. 이토 히로부미가 아니면 어쩌나! 그래서 그 뒤의 일본인 가운데서 가장 의젓해 보이는 자

를 향하여 나머지 세 발을 잇달아 쏘았다.

그리고 안중근은 외쳤다.

"코리아 우라(대한제국 만세)!"

"코리아 우라!"

"코리아 우라!"

안중근은 그렇게 외국 말로 만세 삼창을 했다. 하얼빈은 국제 도시였고, 조국의 억울함을 세계 여러 나라에 알리려는 뜻이었다.

그때 러시아 헌병들이 덮쳐왔다. 안중근은 아무런 반항도 하지 않았다. 그의 나이 서른한 살이었다.

집중탄을 맞고 쓰러진 이토 히로부미는 곧 차로 옮겨졌다. 수행의사 고야마가 달려왔다.

"거의 즉사입니다."

의사가 절망적으로 말하며 고개를 떨구었다.

6. 최후의 나날들

저격한 이유

체포된 안중근은 하얼빈 역 구내에 있는 러시아 헌병 파견대로 끌려갔다.

헌병들은 안중근의 온몸을 샅샅이 뒤졌다. 권총을 이미 버렸으니 더 나올 무기가 있을 리 없었다. 러시아 검찰관이 조선인 통역을 데리고 와 조사를 시작했다.

이름, 국적, 주소를 묻고 나서 왜 이토 히로부미를 저격했느냐고 물었다. 안중근은 요약해서 설명했다. 그런데 통역관이 하는 조선 말을 잘 알아들을 수가 없었다.

서너 명의 사진사가 계속 안중근을 찍어댔다. 안중근은 두려워하거나 불안해하는 기색 없이 태연하고 담담했다. 전혀 엄청난 일을 저지른 사람의 모습 같지가 않았다.

어두워지기 시작하는 오후 여덟 시쯤 러시아 헌병 장교가 안중근을 마차에 태웠다. 한참을 달려 어딘가에 도착했다. 마차에서 내린 안중근은 그곳이 일본 영사관 앞이라는 것을 알았다. 안중근은 숨을 깊이 들이쉬었다.

영사관 관리가 나서서 두 차례 신문을 했다. 안중근은 아무것도 감출 것도 없고, 꾸며댈 것도 없었다. 있는 그대로 술술 대답해나갔다.

"누가 시켰나?"

"시킨 사람은 없다. 나 자신이 알아서 한 일이다."

"뒤에서 조정한 자가 누구냐?"

"그런 사람 없다. 다 내가 알아서 한 일이다."

"다시 묻는다. 시킨 자가 누구냐?"

"그런 사람 없다."

관리는 이 대목에서 딱 멈추어 똑같은 말을 몇 번이고 계속해서 물었다. 안중근이 지칠 지경이었다.

4,5일 뒤에 미조부치 검찰관이 와서 다시 신문을 시작했다. 처음 그대로 있었던 사실을 자세하게 말했다. 검찰관은 왜 이토

히로부미를 저격했느냐고, 그 이유가 뭐냐고 물었다. 안중근은 그 이유를 하나하나 짚어가며 분명하게 댔다.

1. 명성황후를 시해한 죄요.
2. 고종 황제를 폐위시킨 죄요.
3. 5조약과 7조약을 강제로 체결한 죄요.
4. 무고한 한국인들을 학살한 죄요.
5. 정권을 강제로 빼앗은 죄요.
6. 철도·광산·산림·강산을 마음대로 빼앗은 죄요.
7. 제일은행권 지폐를 발행해 마음대로 사용한 죄요.
8. 군대를 해산시킨 죄요.
9. 교육을 방해하고 신문 읽는 걸 금지시킨 죄요.
10. 한국인들의 외국 유학을 금지시킨 죄요.
11. 교과서를 압수하여 불태워버린 죄요.
12. 한국인이 일본인의 보호를 받고자 한다고 세계에 거짓말을 퍼뜨린 죄요.
13. 현재 한국과 일본 사이에 분쟁이 쉬지 않고 살육이 끊이지 않는데, 한국이 태평무사한 것처럼 천황을 속인 죄요.
14. 동양 평화를 깨뜨린 죄요.
15. 일본 현 천황의 아버지 고메이를 죽인 죄요.

이 진술을 다 듣고 난 검찰관은 놀라면서 뜻밖의 말을 했다.

"지금 진술한 것을 들으니 당신은 참으로 동양의 의인이라 하지 않을 수 없소. 당신은 의인이니까 결코 사형당하는 일은 없을 테니 걱정하지 마시오."

검찰관의 말에 안중근은 이렇게 응답했다.

"내가 죽고 사는 것은 말할 필요 없고, 지금 내가 한 말을 빨리 일본 천황 폐하께 아뢰어주시오. 그래서 이토 히로부미의 옳지 못한 정략을 하루빨리 고쳐서 동양의 위급한 대세를 바로잡기를 간절히 바라는 바이오."

안중근은 다시 지하 감방에 갇혔다.

동지들도 체포되다

한편, 지야이지스고 역 매점에 있었던 우덕순과 조도선도 같은 날 바로 체포되었다.

그날 새벽부터 지야이지스고 역 일대에는 러시아군들이 배치되었고, 사람이 오가는 것을 철저하게 막았다. 구내매점에도 출입금지령이 내려졌다. 화장실에도 가지 못하게 해 우덕순은 쓰레기통에다 소변을 보아야 할 지경이었다.

"왜 갑자기 이런대요?"

우덕순이 주인에게 물었다.

"무슨 일본 고관이 탄 특별열차가 통과한다고 이 야단법석 아니오. 정거하는 것도 아니고 그냥 통과한다면서 뭐 이리 소란스러운지 원."

주인이 투덜거렸다.

'뭐요, 그냥 통과해요?'

우덕순은 하마터면 이 말을 입 밖으로 쏟아낼 뻔했다. 그는 낙담으로 털썩 주저앉고 말았다.

한 시간쯤 지났을까……, 먼동이 터오는 흐린 어둠을 헤치며 특별열차는 지야이지스고 역을 거침없이 통과했다.

'아, 아, 안동지가 여기 함께 있었더라면 어떡할 뻔했는가. 역시 안동지는 현명한 사람이다.'

우덕순은 두 손으로 얼굴을 감싸며 안도의 숨을 내쉬었다.

그리고 곧바로 러시아군에 체포되었다. 수상하다고 의심을 받았던 것이다. 그런데 두 사람한테서 권총이 나오고 말았다. 결박당해 끌려간 그들은 네댓 시간이 지나 이토 히로부미의 저격범과 일당이라는 것이 드러났다.

그리고 유동하도 하얼빈 역 근처에서 체포되었다. 안중근과 헤어진 그는 역을 배회하고 있었다. 그런데 총성이 울리자마자 러시아군들은 사람들에게 총을 들이대며 불심검문을 시작했고, 유동하는 그 검문에 걸려든 것이었다.

뤼순 감옥의 생활

다시 4,5일이 지나 뤼순으로 가게 되었다. 그때서야 안중근은 우덕순·조도선·유동하·김성백 등의 얼굴을 보게 되었다. 안중근은 결박당해 있는 그들 하나하나와 차근차근 눈을 맞추었다. 그리고 "두려워하지 마라. 힘을 내라. 우리는 당당하게 애국을 한 것이다" 하는 말을 눈으로 하고 있었다. 그들은 기차를 탔다. 일본 헌병 12명이 그들을 호송했다.

그날 밤은 창춘 헌병대에서 보냈다. 이튿날 다시 기차를 타고 어떤 정거장에 닿았는데, 일본 순경 하나가 올라오더니 갑자기 안중근의 뺨을 주먹으로 후려갈겼다. 그때 마침 열차를 순회하던 러시아 헌병이 그 순경을 끌어내렸다.

안중근은 치솟는 화를 참지 않고 그대로 터뜨렸다.

"우리들이 국가를 위해 목숨을 바친 것은 지사로서의 본분이다. 호송중에 이런 학대를 가하는 것은 부당한 일이고 더구나 이렇게 형편없는 음식은 도저히 참을 수가 없다. 일본의 관헌은 대한제국 의병 참모중장인 나를 대신(大臣)으로 대우하라!"

안중근은 호송 헌병들을 향해 외쳐댔다.

기차에서 하룻밤을 더 보내고 안중근은 다음날 뤼순 감옥에 갇혔다. 이미 주모자로 밝혀진 안중근은 다른 사람들과 분리되어 혼자 독방 신세가 되었다. 본관에 있는 독방은 혼자 갇혀 있기에는 너무 넓은 7평 정도였고, 손질 안 된 거친 나무로 만들기는 했지만 작은 책상과 침대가 놓여 있었다. 안중근은 특별대우라는 것을 알았다.

다음날부터 안중근은 이상한 것을 느끼기 시작했다. 간수들의 태도가 뜻밖에도 살벌하거나 사납지 않았다. 그리고 기차를 타고 오면서 단단히 각오했던 것인데, 조사를 하면서 전혀 폭행을 하거나 고문을 가하지 않았다. 처음이라서 그런가 했다. 그러나 미조부치 검찰관은 통역관 소노키와 함께 10여 차례 신문을 하는 내내 변함없이 예의를 갖추었고 동정심을 나타냈다.

안중근은 아주 심한 혼란을 느꼈다. 조선에 있는 일본인들은 잔인하고 포악하기 그지없는데 이곳 일본인들은 어쩐 일인지 알

수가 없었다. 그것도 천황 다음가는 일본 권력자를 쏘아 죽인 범인인데…….

그런데 조사를 거의 끝냈을 때 미조부치 검찰관이 말했다.

"우리 이토 각하가 현장에서 즉사할 정도로 저격범의 사격솜씨가 뛰어나다는 말을 처음 들었을 때 놀라지 않았어요. 이토 각하 정도를 살해하겠다고 나선 총잡이라면 그만한 실력을 갖춘 자를 뽑았을 테니까. 그런데 나는 당신을 조사하기 시작하면서 자꾸 놀라게 됐어요. 어떤 조직에 가담되어 있는 난폭한 총잡이인 줄 알았는데 그런 예상이 다 빗나갔어요. 본인이 직접 주동을 했고, 객관적 이유가 분명했고, 사격솜씨에 맞먹도록 학식이 풍부했고, 글씨 또한 표나게 잘 쓰니 그게 어찌 된 일인지……. 특히나 이토 각하 같은 분을 시해했으니 사형을 당하리라는 건 다 알고 있을 텐데도 어찌 그리 태연하고 담담하고 초연할 수 있는 것인지……. 흔히 죽음을 각오한다는 말들을 하지만 당신 같은 사람은 처음이오. 남자 중에 남자고, 사람 중에 사람이고, 애국자 중에 애국자요. 당신의 그 태도와 무게에 이곳 사람들이 다 애석하고 안타깝게 생각하고 있소."

이 말을 듣고 안중근은 그 혼란을 정리할 수 있었다. 그리고 마음을 더욱 가다듬었다.

교도소장과 경비계장을 비롯해서 일반 관리들도 안중근에게 잘해주었다. 특히 검찰관 미조부치는 조사가 끝나면 언제나 이집트 담배를 권했기 때문에 담배를 피워가며 평등한 토론도 하고, 재미있는 얘기도 나누곤 했다.

하루는 영국 변호사와 러시아 변호사가 안중근을 찾아왔다.

"우리 두 사람은 블라디보스토크에 있는 조선 사람들의 위탁을 받아 변호를 하려고 온 것이오. 법원의 허가는 이미 받았으니 공판하는 날 다시 와서 만나겠소."

안중근은 크게 놀랐다.

'외국 변호사들을 허용하다니. 일본이 이렇게 세계적으로 수준이 높은 나라란 말인가!'

그건 전에는 전혀 예상하지 못했던 일본의 모습이었다. 국제법을 적용하면 난 어떻게 될 것인가 하는 새로운 기대 같은 것도 떠올랐다.

그리고 또 놀란 것은 동포들이 외국인 변호사를 둘이나 선임한 것이었다. 외국인 변호사들은 선임료도 엄청나게 비쌀 것이다. 그런데 거의가 가난하게 사는 동포들이 돈을 모은 것이다. 그지없이 고맙고 가슴이 먹먹해졌다. 그리고 한 사람의 얼굴이 떠올랐다. 강제로 돈 백 원을 빼앗았던 황해도 의병장 이석산의 얼굴이었다. 그분은 저격 소식을 듣고 어떤 마음이었을까. 그분에게 돈을 갚은 것 같아 안중근은 마음이 가벼워지는 것을 느꼈다.

특히 간수 구리하라와 경비계장 나카무라는 항상 안중근에게 모든 편의를 다 제공해주었다. 매주일 목욕을 하게 해주었고, 날마다 오전 오후 한 차례 씩 사무실로 데리고 가 각국의 고급 담배와 서양 과자 그리고 차를 권했다. 또 끼니마다 쌀밥을 주었고, 좋은 내복도 갈아입게 했고, 날이 추워지기 시작하자 솜이불을 네 채나 내주었다. 그리고 사과·배·밀감 같은 과일도 날마다 두서너 차례씩 주었다.

물론 그런 친절은 그들 개인의 뜻으로 할 수 있는 일이 아니었다. 그건 계속 돈이 드는 일일 뿐만 아니라 위에서 금하면 할 수 없는 일이었다.

'그들은 무슨 마음으로 이렇게 우대하는 것일까? 대신으로 대우하라는 내 말을 들어주는 것일 리 없다. 그 이유가 무엇일까……'

안중근은 아무리 그 이유를 찾아보아도 알 수가 없었.

날마다 우유도 한 병씩 주었는데, 그것은 통역관 소노키가 마음을 쓰는 것이었고, 미조부치 검찰관은 닭고기와 담배 같은 것을 넣어주었다.

11월이 저물어가는데 두 동생 정근과 공근이 면회를 왔다. 3년 만에 만나는 것이라 너무나 반가웠다.

"아무래도 외국 변호사들은 그대로 두고 우리나라 변호사를 한 사람 더 선임해야 될 것 같다. 그리고 신부님을 모셔다가 고해성사를 하고 싶다."

안중근은 동생들에게 부탁했다.

"예, 바로 그렇게 하지요."

눈에 눈물이 그렁그렁한 두 동생이 빠르게 고개를 끄덕였다.

그런데 검찰관 미조부치의 태도가 어느 날 갑자기 바뀌었다. 웃음이 싹 사라진 냉정한 얼굴로 신문을 해나가면서 위협하기도 했고, 억지 근거를 대며 윽박지르기도 했고, 깔보거나 비웃는 언사를 하기도 했다.

안중근은 처음에 당황했다. 그러나 곰곰이 생각해보니 그건 검찰관 개인적으로 마음이 변한 것이라고 할 수 없었다. 검찰관은 상부로부터 무슨 지시를 받은 것이 분명했다. 변한 것은 상부의 방침이지 검찰관의 마음이 아니었다.

이런 판단과 함께 안중근은 앞을 가로막는 어둠을 느꼈다. 그렇게 태도가 변해버리면 재판은 보나마나 뻔한 노릇이었다. 재판이 공정하게 진행될 리가 없었다.

안중근은 감정이 상해 두통을 앓았다. 마음을 다스려야 했다. 그 방법으로 그는 자서전을 써나가기로 했다. 그 요청을 하자 형무소 당국에서는 바로 종이와 필기구를 마련해주었다.

안중근은 자서전 제목을 『안응칠 역사』라고 정했다. 그리고 1909년 12월 13일부터 쓰기 시작했다.

그런 어느 날 검찰관이 말했다.

"재판일이 6, 7일 뒤로 정해졌다. 그런데 영국 변호사나 러시아 변호사는 일절 허가되지 않고, 이곳에 있는 관선 변호사(나라에서 선정하여주는 변호사)를 쓰게 되었다."

안중근은 아무 대꾸도 하지 않았다. 검찰관의 태도가 돌변했던 것은 바로 이런 변화와 연결되어 있었던 것이다. 이제 아무것도 기대할 것이 없었다. 안중근은 마음을 닫았다.

형식적인 재판 놀음

마침내 재판정에 섰다. 우덕순·조도선·유동하도 출석했다. 안중근은, 장가는 들었으나 아직 어린 유동하에게 미안함을 느꼈다.

방청객들이 엄청나게 몰려들어 의자에 앉지 못한 사람들은 뒤에 빽빽하게 서 있었다. 한국인 변호사 안병찬과 전에 변론 허가를 받았다고 했던 영국 변호사도 참석했다. 그러나 그들은 변론권을 얻지 못해 그저 방청석에 앉아 있을 뿐이었다.

지루한 재판 절차를 거쳐 마침내 안중근이 진술할 기회가 왔다.

"검찰관은 내가 개인적으로 미워서 이토 히로부미를 죽였다고 하는데 그건 전혀 사실과 다른 억지고 거짓말이다. 나는 이토 히로부미를 저격할 때까지 그의 얼굴을 몰랐다. 직감과 짐작으로 총을 쏜 것인데, 그렇게 얼굴도 모르는 사람에게 무슨 개인적 미움이 있겠는가. 이토 히로부미는 이미 내가 밝힌 열다섯 가지의 죄를 저질렀기 때문에, 나는 그 죄를 응징하기 위해서 대한제국의 의병 참모총장으로서 그를 쏘았고, 포로가 되어 이곳에 온 것이다. 그러므로 그 일은 이 뤼순 지방재판소와는 전혀 관계가 없는 일이니 나를 국제법에 따라 재판해야만 한다. 나는 당당한 대한제국의 국

민인데 왜 일본 감옥에 갇혀 있어야 하고, 일본 법에 따라 재판을 받아야 하는가. 지금 이 법정을 보라. 판사도 일본인, 검사도 일본인, 변호사도 일본인, 통역관도 일본인, 방청객도 일본인! 이래가지고 재판이 공정하게 이루어질 수 있겠는가. 나는 이런 편파적인 재판을 거부한다."

안중근의 이런 어기찬 진술에 법정은 얼어붙었다. 검사도 판사도 한동안 아무 말도 못했고, 방청객들은 침묵 속에서 안중근의 말이 옳다는 기색을 보이고 있었다.

"오늘 재판은 여기서 끝내겠소."

판사가 터무니없이 큰 소리로 말했다.

이튿날 검찰관은 피고들의 죄상을 나열하느라고 하루 종일 떠들어대 오후에는 표가 나게 기진맥진해서 마지막으로 외쳤다.

"안중근 사형!"

"내가 사형당해야 하는 이유가 뭐요?"

동요하는 기색이라고는 없이 안중근이 냉정하게 물었다.

"당신 같은 사람이 세상에 살아 있으면 조선 사람들이 그 행동을 본뜰 것이며, 그러면 일본 사람들이 두렵고 겁이 나서 편안하게 살 수가 없기 때문이다."

검찰관의 응답이었다.

이튿날 미즈노와 가마타 두 변호사가 변론을 했다.

"피고의 범죄는 분명하고 의심할 바가 없다. 그러나 그것이 오해에서 비롯된 일이므로 그 죄가 크지는 않다. 더구나 조선 사람에 대해서는 일본 사법관의 관할권이 없다."

비록 그들이 관선 변호사일망정 그들은 안중근이 처음부터 줄기차게 주장해온 '일본이 나를 일본 법으로 재판할 수 없으니 국제법으로 재판하라'는 점을 "조선 사람에 대해서는 일본 사법관의 관할권이 없다"는 말로 분명히 밝히고 있었다.

"모레 선고를 하겠다."

판사가 입장이 난처한 듯 서둘러 폐정을 선언했다.

마침내 선고 공판이 열렸다.

"안중근을 사형에 처한다. 그리고 우덕순 3년 징역, 조도선·유동하는 각각 1년 반 징역에 처한다."

마나베 판사가 선고했다.

안중근은 미동도 하지 않고 당당하고 꿋꿋하고 늠름하게 서 있었다.

공소 일자는 5일 이내로 정하겠다고 하고 부랴부랴 재판은 끝났다. 1910년 2월 14일 오전 10시였다.

안중근은 아무 망설임 없이 공소권을 포기했다. 아무리 공소를 제기해보았자 그들이 변하지 않는 철칙으로 정해놓은 것은 '사형' 이었다. 그것을 뻔히 알면서 공소를 제기하는 것은 공소를 이용해 하루라도 더 생명을 연장하려는 치졸하고 비겁한 짓일 뿐이었다. 그뿐만 아니라 일본 법에 의해서 또 재판을 받는 것은 일본의 행위가 옳다는 것을 입증해주는 것이었다.

그렇게 되자 이상한 일이 생겼다. 비단과 종이 수백 장, 그리고 벼루와 붓이 감방 안으로 들어온 것이다. 법원과 감옥의 관리들이 안중근이 세상을 떠나가기 전에 붓글씨를 받아두려는 것이었다. 그들은 안중근의 꿋꿋한 용기와 초연한 인품을 우러르고 있었던 것이다.

안중근은 자신을 바라보고 있는 그들의 마음을 뿌리칠 수가 없었다. 자신의 필법이 뛰어나지도 못했고, 나중에 남의 웃음거리가 될지도 모를 일이었다. 그러나 그들의 깨끗한 마음을 생각하면 얼마 남지 않은 날 동안 정성을 바쳐서 글씨를 써주는 것이 도리라고 생각했다. 그래서 안중근은 그 옛날 할아버지 앞에서 한 획, 한 자에 정성을 다 바쳤던 마음으로 날마다 몇 시간씩 붓글씨를 썼다.

國家安危勞心焦思(국가안위노심초사:나라의 안전과 위험

을 걱정해서 애를 쓰고 속을 태운다.)

　一日不讀書口中生荊棘(일일부독서구중생형극:하루라도 책을 읽지 않으면 입안에 가시가 돋는다.)

안중근은 이런 글귀를 써나갔다.

"아, 이 글씨가 얼마나 좋은가. 아무런 꾸밈이 없이 물 흐르듯 자연스럽지 않은가. 그 젊은 나이에 어찌 이런 글씨를 쓸 수 있을까."

"그렇다니까. 일부러 잘 쓰려고 한 치기나 억지가 없고 담담하면서도 소탈하고 고상해. 인품 그대로야."

"글씨를 뭘 안다고 어지간히 유식한 척하네."

"이거 왜 이러나. 쓸 줄은 몰라도 볼 줄은 알지. 노래할 줄은 몰라도 들을 줄은 아는 것 몰라?"

"하긴 그렇군."

글씨를 받아든 사람들이 흡족해서 나누는 이야기였다.

그런데 안중근이 세로쓰기를 한 종이에는 독특한 점이 한 가지 있었다. 모든 붓글씨에는 처음과 끝 부분에 으레껏 낙관(글씨나 그림에 작자가 자기 이름이나 호를 쓰고 도장을 찍는 일)을 했다. 그런데 안중근의 글씨 끝에는 빨간 도장이 찍혀 있지 않고 새

까만 손바닥이 큼직하게 찍혀 있었다. 한데, 그 손바닥 도장의 네번째 손가락은 한 마디가 없어서 그 길이가 새끼손가락과 같았다. 그 비정상의 손가락은 '단지동맹' 때 자른 것이었다. 백지 위에 검게 찍힌 불구의 손바닥 도장은 섬뜩하게 사람을 긴장시켰다. 그 특이한 낙관에는 안중근의 불변의 의지가 담겨 있었다.

그즈음에 두 동생이 홍신부를 모시고 왔다. 안중근은 오랜만에 마음을 열고 홍신부에게 고해성사를 했다. 홍신부는 그것으로 끝나지 않고 감옥에서 미사도 거행했다. 안중근은 마음이 깊게 편안해지는 것을 느끼고 있었다.

"인자하신 천주께서 그대를 버리지 않을 것이요, 반드시 거두어주실 것이니 안심하고 있으라."

다시 조선으로 먼길을 떠나기 직전에 홍신부는 안중근을 향해 마지막 강복을 했다.

눈을 내리감은 안중근은 엄숙하게 성호를 그었다. 아무런 두려움도 괴로움도 없이 마음은 그지없이 평온했다.

안중근은 먼길을 와준 홍신부가 너무나 고마웠다. 홍신부를 통해 천주의 은혜를 받게 되자 그전에 느끼지 못했던 깊은 안정과 평안을 찾게 되었던 것이다.

그리고 또 하나 마음을 강건하게 만드는 것이 있었다. 그건 두 동생이 전해온 어머니의 말씀이었다.

'옳은 일을 한 것이니 비겁하게 삶을 구하지 말고 떳떳하게 죽는 것이 어미에 대한 효도다.'

이 말씀을 전해듣고 안중근은 공소권을 포기해버린 것이 얼마나 잘한 일이었는가를 확인했다. 만약 공소를 제기했더라면 어머니께 얼마나 면목 없는 불효자가 될 뻔했는가.

그 소식이 면회에 입회한 간수의 기록으로 밖에 알려지자 조선의 『대한매일신보』와 일본의 『아사히신문』에는 '그 어머니에 그 아들'이라는 기사가 실렸다.

차근차근 죽음을 맞을 준비를 해나간 안중근은 사형 집행 전날 국내외 동포들에게 마지막 글을 보냈다.

동포에게 고함

내가 한국의 독립을 되찾고 동양의 평화를 지키기 위해 3년 동안 해외에서 모진 고생을 하다가 그 목적을 이루지 못하고 이곳에서 죽노니, 우리들 2천만 동포는 각각 스스로 노력하여 학문에 힘쓰고, 농업·공업·상업 등을 일으켜, 나의 뜻을 이어 우리나라의 자유 독립을 되찾는다면 죽는 자 남은 한이 없겠노라.

이 글은 안중근이 사형당하기 전날인 1910년 3월 25일자 『대한매일신보』에 실렸다.

　그리고 안중근은 사형이 집행되기 바로 전에 두 동생에게 마지막 유언을 남겼다.

　"내가 죽은 뒤에 내 뼈를 하얼빈 공원 옆에 묻어두었다가, 우리나라가 독립을 되찾거든 고국으로 옮겨다오. 나는 천국에 가서도 또한 우리나라의 독립을 위해 힘쓸 것이다. 너희들은 돌아가서 동포들에게 각자 모두가 국민 된 의무를 다하며, 마음을 같이하고 힘을 합하여 큰 뜻을 이루도록 일러다오. 대한 독립의 소리가 천국에 들려오면 나는 춤추며 만세를 부를 것이다."

　1910년 3월 26일 아침 안중근은 고향에서 보내온 한복을 갈아입고 형장으로 발길을 옮겼다.

　"마지막으로 남길 말은 없는가?"

　검찰관이 물었다.

　"나의 의거는 오로지 동양 평화를 위해 행한 것이므로, 오늘 임검한 일본 관헌들도 앞으로 한일간에 화합하여 동양 평화에 이바지하기 바란다. 마지막으로 동양 평화 만세를 삼창하겠다."

　안중근이 말했다.

　"만세 삼창은 안 된다. 큰 소리가 멀리 퍼져나가는 것은 곤란

하다."

교도관이 제지하고 나섰다. 그도 그럴 것이 안중근의 처형을 극비리에 하느라고 형장도 일반 형장을 쓰지 않고 있었다.

곧 안중근의 눈이 가려졌다. 그리고 목에 올가미가 씌워졌다.

철거덕!

받침대가 내려앉고 안중근의 몸은 축 늘어지며 밧줄에 매달렸다.

예수가 인류의 죄를 대신 짊어지고 십자가에 못 박혀 죽은 것이 서른세 살 때였다. 사람들은 그 푸르른 나이를 아까워하고, 그래서 그 희생을 더 값지게 받든다. 그런데 안중근은 예수보다 한 살이 더 젊은 서른두 살에 민족을 위하여 죽어갔다. 우리 민족의 예수 안중근의 그 푸른 희생 또한 아깝고 값지지 않을 수 없다.

그런데 안중근이 희생되고 5개월이 지나 결국 한일합방이 이루어지고 말았다. 나라를 완전히 빼앗겨 일본의 식민지가 되고 만 것이다.

사형 집행이 끝난 다음에 안중근 의사의 두 동생은 형의 유해를 넘겨받아 장례를 지내려 했다. 그러나 일제는 안중근 의사의 유해를 넘겨주지 않고 강압적으로 수인 묘지에 매장하고 말았다.

일제는 안중근 의사의 묘소가 독립운동의 성지가 되고 구심점이 되는 것을 두려워했기 때문이다.

해방이 되어 조국에 돌아온 백범 김구 선생은 윤봉길·이봉창·백정기 세 의사의 유골을 조국으로 모셔와 효창공원에 묘역을 만들었다. 그때 제일 앞머리에 안중근 의사의 유골을 봉안할 자리를 비워놓았다. 그런데 안중근 의사의 유골은 지금까지도 모셔오지 못한 채 빈 묘로 남아 있다. 왜냐하면 뤼순 감옥 뒷산 그 어디인가, 정확한 위치를 모르기 때문만이 아니었다. 해방이 되자마자 한반도가 38선으로 분단되어 북한과 함께 중국 땅도 오갈 수 없었기 때문이다.

그런데 2005년쯤부터 안중근 의사 유골 모셔오기 운동이 시작되었다. 언젠가는 안중근 의사의 유언처럼 그 유골을 효창공원의 빈 묘에 모시게 될 것이다. 그 일이 후대들이 꼭 하지 않으면 안 되는 소임이고 책무다. 과거는 현재의 아버지이고, 미래는 현재의 아들이기 때문이다.

큰작가 조정래의 인물 이야기
부록

역사 키워드 안중근의 시대를 뒤흔든 사건들
공간 여행 안중근의 발자취를 따라서
글과 사상 생을 정리하며 붓을 들다
연보 안중근의 삶

안중근의 시대를 뒤흔든 사건들

동학농민운동

동학은 1860년 최제우가 일으킨 새로운 종교이다. 당시에는 서학이라 불리는 천주교가 우리나라에 들어와 있었는데, 최제우는 이에 대항한다는 뜻에서 동학이란 이름을 붙였다. 동학의 핵심 사상은 '인내천'으로 '모든 사람은 하늘'이라는 평등사상을 담고 있다. 이것은 양반과 상민의 구별이 엄격했던 신분제 사회에서는 매우 혁명적인 사상이었다. 따라서 동학은 양반으로부터 차별받고 부정부패한 관리들에게 시달려온 백성들에게 널리 퍼져나가 커다란 세력을 이루었다.

동학농민운동은 전라도 고부 군수 조병갑의 횡포에 시달리던 농민들이 고부의 동학 접주인 전봉준을 중심으로 군사를 일으키면서 시작되었다. 정부군을 물리치고 전라도 지역을 장악한 동학군은 폐단을 개혁한다는 폐정개혁 12개조를 정부와 합의하고 철수했다.

그 후 동학군은 전라도 각 군현에 농민의 대표기관으로 집강소를 설치하고 개혁을 실천해 나갔다. 그러나 청일전쟁이 우리나라에서 일어나자 항일투쟁의 일환으로 동학군은 다시 봉기하였으나, 관군과 일본 연합군에 패해 전봉준을 비롯한 지도부가 체포되면서 실패로 끝나고 만다. 동학농민운동은 비록 실패했지만 농민이 주체가 되어 봉건적인 신분 질서를 없애고자 한 대의는 지배층에게도 받아들여져 갑오개혁이 실시되는 계기가 되었다.

러일전쟁

러시아와 일본이 한반도와 만주 지역의 지배권을 둘러싸고 벌인 전쟁으로 1904년 2월, 일본 함대가 랴오둥 반도에 와 있던 러시아 함대를 기습하면서 시작되었다. 일본은 서울을 비롯해 우리나라 주요 지역을 점령한 뒤, 일본이 마음대로 한반도를 전쟁에 이용할 수 있다는 한·일 의정서를 강제로 체결하였다. 1905년 5월 대한해협 전투에서 일본이 크게 승리함으로써 전쟁은 사실상 종결되었다. 그 결과로 1905년 9월 러·일 간에 일본의 우위를 인정하는 포츠머스 조약이 체결되었고, 이로써 일본은 우리나라에 대한 모든 이권과 지배권을 독차지하게 되었다.

을사조약

러일전쟁 이후 일본은 1905년 11월 대한제

남의 바다에서 벌인 전투 우리나라와 만주를 두고 벌인 러일전쟁 중 군함 하나가 공격을 받고 연기에 휩싸였다(1905).

국을 강압하여 을사조약을 체결했다.

> 일본 정부는 한국이 다른 나라와 맺은 조약의 실행을 완수하고, 한국 정부는 일본 정부의 중재 없이 외국과 국제적 성질을 가진 조약이나 약속을 하지 않는다.
>
> — 을사조약 2조

이 조약으로 인해 대한제국 정부는 모든 외교권을 박탈당했으며, 우리나라는 일본의 보호국이 되었다. 고종은 1907년 네덜란드 헤이그에서 열린 만국평화회의에 특사를 보내 을사조약이 일본의 강압에 의해 억지로 체결된 것이라는 사실을 세계에 폭로하고, 이를 무효화하려고 했다. 하지만 이미 외교권을 잃어버린 대한제국의 특사는 회의에 참석조차 할 수 없었다. 헤이그 특사 사건을 빌미로 일제는 고종을 강제 퇴위시키고 순종을 즉위시켰다.

국채보상운동

국채보상운동은 국민 모금으로 대한제국 정부의 국채를 갚아 경제적인 자립과 국권을 되찾자는 취지에서 벌어진 운동이다.

1907년 대한제국의 국채, 즉 정부가 일제에게 빚진 돈은 총 1300만 원 정도였다. 이 빚은 1904년 일제가 일본인을 재정 고문으로 임명하게 하고 일본으로부터 차관을 도입하게 하여 쌓인 것으로, 당시 대한제국 정부는 이런 거액을 갚을 능력이 없었다. 국채보상운동은 대구에서 서상돈의 발의로 시작되었으며, 국채보상기성회의 설립으로 본격화됐다. 『황성신문』 『대한매일신보』 등의 신문사에서 벌인 캠페인에 힘입어 상공인과 지식인들을 비롯하여 전국민이 참여하는 운동으로 확산되었다. 그해 4월 말까지 성금을 기탁한 사람은 4만여 명에 이르렀고, 5월 말에 총 모금액은 230만 원이 넘었다고 한다. 국채보상운동이 전국으로 퍼져나가자 일제는 이 운동을 금지하고 탄압했으며 결국 큰 성과 없이 국채보상운동은 중단되고 말았다.

공간여행 안중근의 발자취를 따라서

블라디보스토크로 넘어가
대한의군을 조직하다

러시아

블라디보스토크

국내에서 교육운동에 힘쓰던 안중근은 합법적인 방법으로는 나라를 바로세우기 힘들다고 판단하고 블라디보스토크로 이주해 의병운동에 참여했다. 블라디보스토크는 러시아 시베리아 동해 연안인 연해주에 위치한 항구 도시로 러시아 극동 함대의 근거지였다. 그 무렵 블라디보스토크에는 이미 오천여 명의 우리 동포가 살고 있었으며, 일제의 감시와 탄압을 피해 많은 애국지사들이 연해주 지역에서 활동했다. 1907년 블라디보스토크에서 대한의군이 창설되고, 안중근은 대한의군의 참모중장이 되었다.

함경북도

두만강을 건너
일본군과 격전을 벌이다

두만강

백두산에서 시작하여 동해로 흐르는 강으로 한국·중국·러시아의 국경에 접해 있다. 1908년 안중근은 백여 명의 병력을 이끌고 두만강을 건너 함경북도 산악 지대로 침투했다. 당시 일제는 한반도 곳곳에 군대를 배치하고 우리나라를 지배하고 있었다. 안중근이 이끄는 부대는 산악 지대를 따라 이동하면서 일본군 수비대를 공격했으나 일본군의 반격으로 병력 대부분이 희생되었고, 안중근은 간신히 두만강을 건너 연해주로 돌아갔다.

하얼빈

중국 헤이룽장 성의 중심도시로 쑹화강 근처에 위치해 있다. 1909년 10월 26일 안중근은 하얼빈 역에서 이토 히로부미를 저격하고 체포되었다. 체포된 그는 뤼순 감옥으로 이송되기 전까지 하얼빈의 일본 총영사관 지하실에 구금되었다. 하얼빈은 수많은 러시아인·중국인·한국인을 대상으로 생체실험을 했던 일본군 731부대가 주둔하던 지역이기도 하다. 하얼빈의 헤이룽장 성 혁명 박물관에는 외국인으로서는 이례적으로 안중근 코너가 마련되어 있다.

하얼빈역에서 이토 히로부미를 저격하다

하얼빈 ──────────────────── 뤼순

뤼순 감옥에서 생을 마감하다

뤼순 감옥

중국 랴오닝 성 뤼순에 있던 감옥이다. 주로 중국과 우리나라의 항일지사들이 많이 수감되었는데, 연간 수감자가 2만여 명에 달했다고 한다. 하얼빈에서 체포된 안중근은 이곳으로 이감되어 사형을 선고받고 순국했다. 일제시대의 역사학자이자 독립운동가였던 신채호도 이곳에 수감되어 옥사했다. 1971년 중국 정부는 뤼순 감옥을 전시관으로 복원해서 일반인에게 개방했다.

글과 사상
생을 정리하며 붓을 들다

안중근은 1910년 2월부터 처형되기 직전인 3월 26일까지 많은 붓글씨를 남겼다. 모두 230여 점의 붓글씨를 남긴 것으로 추정되나 현재는 40여 점이 발견되었다. 안중근은 어려서부터 배운 한학 지식을 바탕으로 여러 훌륭한 글귀를 독창적으로 인용하여 사람들에게 감동을 주는 뛰어난 문장을 담아냈다. 그가 남긴 유묵에는 낙관 대신 1909년 동지 11명과 함께 단지동맹을 맺고 손가락을 자른 왼쪽 손바닥 도장이 찍혀 있다.

국가안위 노심초사 國家安危勞心焦思
국가의 안위를 걱정하며 애태운다.

안중근이 재판을 받을 때 자신에게 친절하게 대해준 보답으로 뤼순 법원의 검찰관이었던 야스오카 세이시로에게 이 붓글씨를 써줬다. 야스오카의 맏딸 우에노 도시코가 은밀히 보관해오던 것을 국제 한국연구원 최서면 원장이 헌납받아 1976년 안중근의사기념관에 기증했다.

위국헌신 군인본분 爲國獻身軍人本分
나라를 위해 몸바침은 군인의 본분이다.

뤼순 감옥의 간수였던 지바 도시치에게 써준 붓글씨이다. 조선의 군인으로서 나라를 위해 목숨을 바친 안중근 자신의 삶을 돌아보게 하는 가슴 뭉클한 문장이다. 지바의 아내가 소장하고 있던 붓글씨를 안중근 탄생 100주년이 되는 1979년에 안중근의사기념관에 기증했다.

장부수사심여철 의사임위기사운
丈夫雖死心如鐵義士臨危氣似雲
장부가 비록 죽을지라도 마음은 무쇠와 같고
의사는 위태로움에 이를지라도 기운이 구름 같도다.

죽음을 두려워하지 않은 안중근의 굳센 기개가 엿보이

는 문장이다. 안중근은 중근(重根)이라는 그의 이름처럼 사형이 확정된 후에도 「동양평화론」 등을 집필하며 끝까지 의연한 자세를 잃지 않았다. 지금까지 전해오는 안중근의 붓글씨는 안중근의 이런 모습에 감복한 일본인들이 보관해 온 것들이 대부분이다.

견리사의 견위수명
見利思義見危授命
이익을 보거든 정의를 생각하고 위태로움을 보거든 목숨을 바쳐라.

『논어』 제14편 '헌문' 편에 나오는 글귀로, 공자의 제자인 자로가 인간의 완성에 대해 묻자 공자가 대답한 내용을 담고 있다. 현재 동아대학교에 소장되어 있다.

일일부독서구중생형극 一日不讀書口中生荊棘
하루라도 글을 읽지 않으면 입 안에 가시가 돋는다.

안중근의 글귀인지 모르고 많이 사용되는 유명한 문장이다. 어떤 어려움 속에서도 학문을 게을리해서는 안 된다는 교훈을 담고 있다.

연보
안중근의 삶

1879년 1세
9월 2일, 황해도 해주에서 태어남.

1885년 7세
황해도 신천군 청계동으로 이사.
서당에 다니며 글공부를 익히고 포수들에게
총 쏘는 법을 배움.

1892년 14세
응칠이라는 이름을 중근으로 바꿈.
안중근을 아껴주던 할아버지 안인수
세상을 떠남.

1894년 16세
김아려와 결혼.
가짜 동학군을 상대로 아버지 안태훈이 의병을
일으켜 전투를 벌이자 아버지를 도와 큰 공을
세움.

1897년 19세
천주교 신자가 되어(1896년)프랑스 선교사 요셉
신부로부터 도마(토마스)라는 세례명을 받음.

1899년 21세
요셉 신부와 상의하여 민주교에게 대학
설립을 몇 차례 건의하나 거절당함.

1905년 27세
나라를 빼앗기자 항일운동의 터전을 잡을
계획으로 중국으로 건너감.
프랑스인 곽신부를 만나 논의 후, 대중을
교육시키는 것이 우선임을 깨닫고 귀국.
아버지 안태훈 사망 소식 접함.

1906년 28세
가족과 평안남도 진남포로 이사 후
재산 정리하여 삼흥학교, 돈의학교 세우고
교육 사업에 전념.

1907년 29세
독립운동 자금을 마련하기 위해 석탄회사를
운영하나 일본의 방해로 실패.
국채보상운동에 적극 참여.
블라디보스토크로 건너가 청년회에 가입,
감찰관으로 활동.
한국 최초 해외 독립군 부대 '대한의군' 창설,
참모중장으로 임명됨.

1908년 30세
의병들 이끌고 두만강을 건너가 일본군과
수차례 전투 벌임.
습격을 받고 패하여 블라디보스토크로 돌아감.

1909년 31세
열한 명의 동지와 왼손 네번째 손가락을
잘라 그 피로 '대한독립'을 쓰며 결의를 다짐.
10월 26일, 하얼빈 역에서 이토 히로부미
사살.

1910년 32세
2월 14일, 사형 선고 받음.
자서전 『안응칠 역사』 탈고.
3월 26일, 고향에서 보내온 한복을 입고
사형당함.

큰 작가 조정래의 인물 이야기 2 **안중근**

ⓒ 2007 글 조정래 · 그림 이택구

1판 1쇄 | 2007년 10월 25일
1판 38쇄 | 2024년 7월 1일

글쓴이 | 조정래
그린이 | 이택구
펴낸곳 | (주)문학동네
펴낸이 | 김소영
출판등록 | 1993년 10월 22일 제2003-000045호
주소 | 10881 경기도 파주시 회동길 210
전자우편 | kids@munhak.com 홈페이지 | www.munhak.com
카페 | cafe.naver.com/mhdn 인스타그램 | @kidsmunhak
트위터 | @kidsmunhak 북클럽 | bookclubmunhak.com
전화번호 | (031)955-8888 팩스 | (031)955-8855
ISBN 978-89-546-0411-6 74810
ISBN 978-89-546-0408-6(세트)

잘못된 책은 구입하신 서점에서 교환해 드립니다. 기타 교환 문의: (031)955-2661, 3580

사진 출처: 170_두산백과엔싸이버 171_두산백과엔싸이버, 동아일보 172~173_안중근의사기념관
* 사진 출처에서 잘못되었거나 누락된 점이 있다면 알려주십시오. 바로잡겠습니다.

어린이제품 안전특별법에 의한 기타표시사항 제품명 도서 제조자명 (주)문학동네 제조국명 한국 | 사용연령 11세 이상